La révolte des vies

Murielle Madeleine MARTHÉLI

La révolte des vies

TEXTES ET POÈMES D'UNE MARTINIQUAISE

En application de l'art. L.137-2.-I. du code de la propriété intellectuelle, toute reproduction et/ou divulgation de parties de l'œuvre dépassant le volume prévu par la loi est expressément interdite.

© Murielle Madeleine Marthéli, 2025

Édition : BoD - Books on Demand, 31 avenue Saint-Rémy, 57600 Forbach, bod@bod.fr
Impression : Libri Plureos GmbH, Friedensallee 273, 22763 Hamburg (Allemagne)

Impression à la demande
ISBN : 978-2-3225-1559-2
Dépôt légal : mars 2025

Avant propos

L'auteure, Murielle Madeleine MARTHÉLI, vous livre aujourd'hui son premier ouvrage.

Après une carrière de quinze années de barre, en qualité d'avocate au Barreau de Fort-de-France, elle a décidé de faire une reconversion professionnelle.

Fatiguée d'être toujours celle qui était prise en sandwich entre deux clans belligérants, comme tel était systématiquement le cas dans l'exercice de son ancienne profession où il y avait toujours deux parties s'affrontant, elle a décidé de s'affranchir des deux étaux.

Après un repos de quatre années, elle vous propose, au prisme de sa vie personnelle, une vision de la société, notamment de la société martiniquaise.

Elle vous laisse savourer ses premiers textes et poèmes qu'elle a écrits en toute franchise et sans concession.

Bonne dégustation.

Ecrit du 3.11.2019
« *Médisance, médisance, esclavage inné* »
Texte dédié à tous les médisants de la terre

Je suis née d'un pays de solitude.
Je suis née d'un pays d'esclavage.

J'étais esclave,
Née de père, esclave,
Née de mère, esclave.
Mes soeurs étaient esclaves.
Mes beaux-frères étaient esclaves.
Mes voisins et voisines étaient esclaves.
Le pays où je suis née était esclave.

Je suis née d'un pays de médisance,
Où la médisance triomphe,
Où le « palé moun mal » à outrance, triomphe.

Je suis née d'un pays où les prêtres ne cessent de demander un affranchissement.
L'affranchissement de l'esclavage,
Esclavage de la langue,
Esclavage de la fange, où se vautre tout un chacun.
Esclavage bien réel,
Esclavage surprenant sur une terre d'affranchis,
Où, de toute évidence,

Le terme « *affranchissement* » vise tout autre chose que les liens que la langue crée.

Pays où les mots dits, maudissent.
Pays où les mots dits, salissent.

D'aucuns préfèrent fuir,
D'autres courbent l'échine,
D'autres, encore, subissent, sans mots dire,
Ce joug de servitude.

Je suis née d'un pays dont je demande l'affranchissement.
Je suis née d'une terre qui doit prendre conscience.
Esclave du « quand dira-t-on ? »
Esclave du « tu ne sais pas ce que l'on dit... »
Esclave du « bla..., bla..., bla... »
Esclave de tous ces mots,
Maux qui maudissent sans dire un mot.

La Martinique de maintenant,
La Martinique qui donne des boutons,
La Martinique du « Palé moun mal »,
Médisance, sport local dans lequel peu rougissent d'exceller.
Médisance qu'artistes ou hommes d'église tentent, en vain, de dénoncer.

Je suis née d'un pays porteur de cet héritage,
Qui à Sainte Rita, fêtée le 22 mai,
Patronne des causes désespérées,

Fait une prière de délivrance, pour que de la révolte de Romain,
Naisse la révolte des « je ne connais rien »...

Murielle M. MARTHÉLI

Ecrit du 16.10.2019
« Un mot, ça change la vie ! »
Texte dédié aux prisonniers

Lorsque les mots cognent.
Lorsque les mots frappent.
Lorsque le poing se ferme.
Lorsque les coups partent.

Lorsque les mots assassinent.
Lorsqu'à la croisée des chemins on se trouve.
Lorsque l'on s'interroge.
Lorsque l'on questionne.

Acte impardonnable.
Inexpliqué, inexplicable.

Lorsque l'on questionne.
Acte sans réponse.

Lorsque les mots frappent,
Que les mots assassinent.
On cherche les coupables,
D'une douleur indicible.

Lorsque l'on émerge,
Que l'on tâche de comprendre.

Lorsque l'on ne sait pas,
Que l'on cherche à comprendre.

Lorsque l'on se fie à des phrases surprenantes,
A des bouches perfides.
Lorsque l'on se remémore les souvenirs enfouis.
Lorsque l'on s'évade,
En écrivant de la prose.

Lorsque... lorsque... et puis finalement rien !

Lorsque l'on réalise que vraiment les mots tuent.
Alors, tout devient silence.
Tout devient conscience.
Tout devient cœur à cœur.

Lorsque l'on réalise
Les mots que d'autres auraient dû taire.
Lorsque l'on réalise
Le geste qu'on aurait pas dû faire.

On se dit que finalement,
Rien ne vaut les mots vrais,
La vérité avouée,
La vérité non refoulée.

Gage d'une famille unie
Que l'on aurait pu avoir.
Secrets de famille oubliés

Ou
Volontairement occultés.

Secrets de mots qui cognent
Et qui font mal.

Secrets de mots imprononçables ?
Voire impardonnables ?

Difficilement... mais oui,
Mots pardonnables.

D'une éducation chrétienne où Jésus voit tous ces maux.
Où Jésus voit tous ces mots.

A qui on demande vraiment
D'un jour purifier ces maux,
D'un jour purifier ces mots,

Ces mots entendus,
Ces mots retenus,
Ces mots enregistrés,
Ces mots mémorisés,
Ces maux, mots transformés en agressivité.

Ces mots,
Maux mesquins de ceux qui ne croient pas,
Qu'un jour prochain le Verbe et les mots qui cognent ;
Le Verbe et les mots qui tuent,

Se réuniront devant le Trône
Pour juger,
Pour jauger,
Une âme en détresse,
Victime de mots sonores, de mots qui résonnent.
Victime de mots qui déraisonnent.

Pour que DIEU, Lui, explique,
A tout un chacun,
L'importance des mots, l'importance d'un mot,
Qui construit une vie ou qui
Détruit la vie.

Murielle M. MARTHÉLI

Ecrit du 15.10.2019
« Rouge écarlate »
Texte écrit suite à un reportage sur un mouvement syndical

Rouge écarlate,
Est la violence de mon cœur.
Rouge écarlate,
Est la violence du cœur.

Rouge écarlate,
Est la révolte qui gronde.
Rouge écarlate
Est le cri d'appel des syndicats.
Rouge écarlate
Sont les tee-shirts des sans espoirs.
Rouge écarlate,
La marée descendue à la grande grève du 5 février 2009.

Rouge écarlate
Est le cœur aimant du Christ,
Pour ce peuple qui n'a de cesse de crier à l'injustice ;
De crier à la révolte,
De rêver de justice,
De rêver tout éveillé.

Rouge écarlate
Est le sang de ces jeunes qui coule à flot

Sur la voie publique.
Rouge écarlate
Est le cœur des mères face à leurs fils,
Sans cesse plus nombreux, tombés sous le coup d'une balle.
Balle à trou béant,
Lui aussi, rouge écarlate.

Rouge écarlate,
Est le cri de ce peuple.
Quand sera-t-il entendu ?
Quand sera-t-il calmé ?
Quand sera-t-il sauvé ?
Quand sera-t-il sevré ?
Sera-t-il muselé ?

Rouge écarlate
Est la grogne sociale qui monte...
« *Tout baigne !...*
Au pays-Martinique, tout va bien !...... »

Pourtant,
Rouge écarlate
Est le découvert abyssal du plus grand nombre.

Rouge écarlate
Est la fournaise dans laquelle
Beaucoup jettent leurs âmes
Pour quelques moments de plaisir, pour quelques gains financiers,
Pour quelques connaissances supposées vraies,

Données par le « *gadé zafè...* ».
Rouge écarlate
Est le cœur de Marie,
Cette mère qui tremble pour ces enfants.

Rouge écarlate
Est le cœur épineux du Christ,
Qui chaque jour voit,
Qui chaque jour entend,
Qui chaque jour devine, devise,
Qui chaque jour subodore,
La souffrance inavouée de l'enfance volée ;
De l'enfance volée, pour des gains financiers.

La souffrance inavouée d'un peuple si candide.
La souffrance inavouée d'un peuple manipulé.

La souffrance simple d'un peuple qui ne cherche pas
Sa vérité, mais tout simplement : La Vérité.

Rouge écarlate
Est le cœur de Celui qui peut encore sauver ce peuple.

Rouge écarlate
Est le cœur du Christ.

Rouge écarlate
Est l'amour que le Christ porte à ce peuple,

Rouge écarlate
Est l'amour que le Christ a pour Son peuple.

Murielle M. MARTHÉLI

Ecrit du 16-10-2019
« Nuit d'insomnie »
Texte pour les insomniaques

Nuit.
Nuit silencieuse et triste.
Nuit sans bruit qui filtre.
Nuit d'un hôpital absent.
Nuit d'un personnel somnolant.

Nuit.
Nuit longue, indomptable, interminable.
Nuit longue où l'on ressasse sa vie.
Nuit longue.
Où l'on invite un sommeil déclinant poliment l'invitation.

Nuit.
Nuit de bruits de *« cabris-bois »*.
Nuit d'êtres sans foi, ni loi...
Nuit d'ébats...

Nuit.
Nuit d'interrogation.
Nuit de bonnes résolutions,
Concédées avec résignation.

Nuit.
Nuit sans café.

Je me laisse aisément bercer par Monsieur Sommeil.
Mais... hélas... cette fois, j'ai fauté :
Dame café s'est invitée à ma table.

J'ai cédé ce matin à la douce tentation,
A l'ivresse inavouée d'un café matinal.
Je le paye maintenant !

Nuit.
Nuit sans joie,
Qui semble longue, interminable.

Nuit.
Nuit d'insomnie où l'on ne peut parler.
Alors... moi... j'écris ;
Maudissant ce café que ma conscience regarde, me disant :
« *As-tu oublié ? Etais tu obligée de le prendre ?* ».

Non, je le reconnais...

Nuit.
Nuit piégée : je ne peux qu'attendre, patienter,
Quitte à mettre à profit ce moment improvisé.

Il ne me reste plus qu'à prier.
Prier pour tous ceux qui,
De la nuit font leurs délices ;
De la nuit font leurs caprices ;
De la nuit s'adonnent à tous les vices,

De la nuit, cherchent le sommeil.

Et, je me dis que finalement,
Dieu acceptant toutes choses,
A peut-être malicieusement,
Permis cette petite pause :
Café matinal, café anormal.

Pour que cette nuit-là,
Je prie pour l'ensemble des sans espoirs afin
Que de leur nuit,
Que de leur pénombre,
Que de la tristesse de leurs âmes,
Jaillisse la Lumière.

Lumière du Ressuscité qui tend indéfiniment Ses bras,
A ces aveugles nés
Que sont ces enfants de la nuit,
Que sont ses enfants de la nuit,
Enfants d'un monde sans bruit,
Jeunes d'un monde perdu
Parce que jaugeant la vie
Au volume des décibels.

Parce que jugeant que la vie n'est pas belle !

Alors que finalement, tout est grâce,
Même la quotidienne et récurrente venue de Monsieur Sommeil.
Venue qui semble si banale,

Qui semble si normale,
Mais venue pourtant de la Divine Providence.

Murielle M. MARTHÉLI

Ecrit du 16.10.2019
« Vis ! »
Texte pour tous les désespérés

Vie volée.
Vie jouée.
Vie prostituée.
Vie enjouée.
Vie meurtrie au son du « ka » ;
Au son des desideratas.

Vie non mondaine.
Vie mondaine.
Vie remplie de haine.
Vie emplie d'amour.
Vie tourmentée de l'oubli de soi-même.
Vie où l'on doit pardonner l'impardonnable.
Vie où l'on veut corriger
Un père jusqu'alors perçu comme un petit roi.

Vie gâchée.
Vie bouleversée, humiliée.
Vie où l'on rêve de vivre tout simplement,
Sans cet immense sentiment
De ressentiment que le maître de l'art corporel
Vous insuffle,
Vous dicte,
Vous impose !

Vie humiliée.
Vie bafouée.
Vie déniée.
Vie de non-dits.
Vie calquée.
Vie décalquée sur celle d'un autre.
Vie aux cauchemardesques vies volées des autres,
Qui acquiescent sans raison.

Parce que certains peuvent se tromper ;
Parce que d'aucuns ne peuvent s'excuser,
Parce que d'aucuns ne veulent s'excuser.

Vie offerte.
Vie résignée.
Vie sacrifiée, vie volée.
Vie où l'on se demande si l'on vit vraiment.
Vie crucifiée sur l'autel des médicaments.
Vie crucifiée sur l'autel de la médecine.

Vie-sacerdoce où personne ne vous aide.
Vie en pente au chemin saugrenu,
Emprunté par hasard au détour d'une vie dérobée.

Dans un monde où les voleurs de vie sont légions.
Dans un monde où les voleurs de vie ont pignon sur rue.
Rues de notables aux cœurs bien accrochés.

Dans une vie où il faut être soumis.
Dans une vie où l'on vous annonce,

Avec une déconcertante froideur,
Avec une déconcertante fraîcheur,
Qu'il est possible que vous vous soyez trompé de vie.

Que vous vous soyez trompé de chemin de vie...

Mais... que ce n'est pas grave.

Car la vie est espoir.

Espoirs déçus.
Espoirs enfouis.
Espoirs anéantis...
Mais... espoirs tout de même !

Tant que ce mot existe,
Vous devez espérer ;
Même si, à un âge avancé,
Il vous faut tout recommencer.

Votre vie, c'est la mienne.
Votre vie, c'est la sienne.
Votre vie est celle de tous ceux qui souffrent.
Votre vie est celle de tous ceux qui ont souffert.

Votre vie est celle des sans espoirs.

Votre vie n'est pas faite de diamants,
Ni de faux semblants,
De perles précieuses,
Ni de nectars ou de parfums enivrants.

Votre vie est unique et elle est votre.
Votre vie, c'est votre quotidien,
C'est le combat à mener.

Votre vie, c'est l'artiste qui vous chante une chanson,
Votre vie n'est autre parfois qu'art poétique.

Mais... votre vie est unique et si spécifique
Qu'un Dieu jaloux la scrute en permanence.
Et si vous, vous vous pensez en pénitence,
C'est simplement que vous manquez de patience.

Votre vie est ce trésor
Que seul Dieu vous révèle,
Progressivement et sans excès de zèle.

Votre vie est à la fois combat et laissez-aller
Afin que la Trinité vous guide
Au précieux rivage de l'éternelle félicité
Au soir d'une vie remplie
De votre vie remplie.

Murielle M. MARTHÉLI

Ecrit du 17.10.2019
« Justice »
A tous ceux qui rêvent de justice

Je fais un rêve dans ma sieste d'aujourd'hui.
Je rêve d'un pays imaginaire où l'on me dit :
« Justice ?
Vous avez dit Justice ? »

Justice achetée ?
Justice arrangée ?
Justice de copinage ?
Justice de coups de fils passés ?
Justice de procédure occultées… ? »

Ce rêve est un cauchemar !
Et, il continue.

Dans mon sommeil j'entends :
« Justice où les erreurs sont légion ;
Sont camouflées, calfeutrées, excusées, amoindries.
Fonction de la vertu.
Fonction de la couleur.
Fonction du « si je te connais… » »

Justice de copinage.
Justice de bavardage.
Injustices impardonnables !

Justice coupable aux verdicts différés.
Le temps de discuter un coup entre copains et / ou entre bons voisins.

Justice de : « ... *Silence!... On tourne!...*
Le film a commencé!... »

Moi, je demande à Dieu,
Dans mon pays imaginaire :
« *Quand feras-tu venir la justice des Cieux ?* »

Pour que ceux qui pleurent voient un jour leurs larmes sincères séchées.
Pour que les certificats de complaisance
Soient qualifiés de faux en écriture,
Pour que chacun sente le poids du courroux divin,
Tapis à la porte de tout un chacun.

Et qu'au verdict final, on entende pas:
« *C'est vrai. La procédure est irrégulière...*
Mais comme ce n'est pas trop grave, votre sort étant joué, étant scellé
d'avance
Il conviendra encore une fois que,
Contre votre gré, l'emmurement vous sied! »

Dans mon rêve,
Face à cette justice d'injustices flagrantes et récurrentes,
plus personne ne s'émeut.

A l'avance, on vous donne un verdict,
Une décision de justice,
Vous expliquant, candidement que c'est par pur hasard,
Oh... que dis-je ?
Par pure justice...

Je me souviens encore dans mon cauchemar de ce scrutateur du monde judiciaire,
Qui m'avait dit, il y a 22 ans déjà :
« *Vous croyez en la justice, moi je n'y crois pas !* »

Etonnée, choquée, outrée et ulcérée,
Je m'étais dit :
« *N'importe quoi !* »

Je ne l'avais donc pas cru.
Pas cru une seule seconde !

Pourtant 22 ans après, je fais aujourd'hui ce cauchemar,
Et rêve d'injustices.
Rêve dans lequel je me dis :
« *Ah... à quoi bon l'injustice... oh... que dis-je ?... La Justice ?* »

Je me trompe.

Il y a confusion de mots.

Je ne sais si, sémantiquement, le mot « *Justice* » se substitue à celui d' « *Injustice* » ou

Si le mot « *Injustice* » se substitue au mot « *Justice* »

Bref... on s'y perd tellement que dans mon pays imaginaire,
Dans mon rêve, le justiciable se dit :
« *Faisons confiance à ceux qui savent choisir les mots :*
Justice,... Injustice... peu importe ! Ils trancheront ! »

Mon rêve continue.

Justice étant sœur siamoise d'Injustice, où est Marianne ?
Justice et Injustice : si l'une passe, l'autre trépasse.
Reste à savoir laquelle ? ? ?

Pour l'instant, dans le pays de mon cauchemar,
Je crains que celle qui trépasse soit toujours la Justice,
Laissant part belle à sa sœur l'Injustice.

Et bien moi,
Dans mon demi-sommeil,
Dans ma sieste de quinze heures,
Dans mon pays imaginaire,
J'ai tellement cru en la justice que...
Je l'ai scrutée, lorgnée, désirée, chérie, souhaitée, appelée...

Et, pour toute réponse :

J'ai scruté les astres,
J'ai prié,
J'ai été sur les bancs d'une Eglise Catholique,

J'ai été sur les bancs d'une Eglise Baptiste,
J'ai prié,
Je l'ai cherchée,
J'ai pris l'avion pour la trouver...

Justice, où es-tu ?
Justice où te caches-tu ?

Justice... Justice intègre...
Justice sans copinage, ni bavardages.
Justice vraiment intègre.
Où te caches-tu ?
Où étais-tu ?
Où es-tu ?

Dans mon pays imaginaire,
Je ne t'ai pas trouvée.

Pourtant,
Je sais que tu existes,
Je sais que d'aucuns prient,
Je sais que d'aucuns te cherchent.
Je sais que d'aucuns veulent y arriver,
Veulent te trouver,
Veulent être justes.

Même en petit nombre,
Justice humaine, tu es recherchée.

Certains croient encore que le Divin Chirurgien,
Des deux siamoises Justice et Injustice,
Sacrifiera l'une au profit de l'autre,
Celle qui doit s'imposer : la Justice

La Justice.
La justice vraie.
Celle rendue sans influence, en ayant,
Outre les textes,
Comme seul conseiller,
Un Dieu fidèle et jaloux
Que Marianne a chassé des tribunaux.

Marianne ne voulant cacher ce sein que l'on ne saurait voir,
Je me dis dans mon rêve,
Que face à Marianne, l'impudique,
D'aucuns préfèrent encore appeler « *Justice* »
Ce qu'eux-mêmes tentent de cacher :
Leur impuissance à rendre justice
Dans leur mission soumise et liée.

Alors là, je me réveille.
Je prie Dieu pour que mon rêve de ce pays, demeure imaginaire.

Je demande alors aux Cieux
Que la justice de Dieu
Soit aussi justice humaine.

Vu que le temps d'un rêve,
D'un cauchemar dans le noir,
J'ai pu subodorer les manquements,
Les lacunes, les impuissances,
De ceux censés équilibrer les plateaux,
De la céleste balance.

Murielle M. MARTHÉLI

Ecrit du 17.10.2019
« Droits des petits »
A tous ceux qui en ont assez d'être dénigrés et/ou méprisés

Droits bafoués.
Droits niés.
Droits tués.

Droits méprisés,
Par des arrogants qui se disent :
*« Moi, des droits j'en ai.
Moi, le pouvoir, je l'ai.
Moi, je dis ce que je veux.
Moi, je mens comme je veux.
Moi, je fais croire ce que je veux.
Moi, je fais fi du petit,
De celui que je ne connais pas,
De celui que je ne veux pas connaître,
Et,... que sans méprise, je méprise..*

*Celui qui m'est confié.
Celui dont finalement je dispose.
Qu'il ne plaisante même pas avec moi !
Je suis au-dessus de lui.
Qu'il ne se montre même pas affectueux envers moi !
Je suis au-dessus de lui ».*

Droits bafoués.
Droits niés.
Droits oubliés.

Comment expliquer qu'un jour prochain,
On aura besoin de l'honni d'aujourd'hui !

Pas grave.
Pour l'instant on est du bon côté.

Mais,... la vie n'est pas un long fleuve tranquille,
Qui rejette les mahoganys à la mer.

Seule une rivière remonte et va
Jusqu'au Morne Vallée ;
Encore faut-il être cette rivière...

Difficile lorsque l'on est rivière et
Que l'on prend l'habitude d'aller à la mer...

Tel sera un jour le sort des orgueilleux,
Qui n'auront pas jugé bon de voir
L'humilié, le méprisé, le crasseux, le renégat,... quoi !...

Droits bafoués.
Droits méprisés.
Droits déniés.

Mais, droits remis par Dieu à tous les oubliés,
A tous ces petits oubliés de la terre.

Murielle M. MARTHÉLI

Ecrit du 17.10.2019
« *Belle dame* »
Texte dédié à toutes celles qui n'aiment pas leurs yeux et qui se reconnaîtront

Belle dame.
Pourquoi cette tristesse ?
Belle dame.
N'est-ce pas une richesse ?

Belle dame.
De vos yeux espiègles ou dormeurs.
De vos yeux que vous n'aimez pas,
De vos yeux,
Que Dieu vous a confiés ;
Belle dame,
Pourquoi cette indifférence ?

Indifférence à la différence ?

Vos yeux,
Belle dame,
Ne sont ni gris, ni bleus, ni verts, ni mêmes marrons,

Ils sont,
Belle dame,
Couleur ébène,
Couleur de vos ancêtres, couleur de leur lutte pour être libres.

Belle dame.
Votre plus belle richesse,
Ce sont vos yeux,
Des yeux, reflet de tendresse pour tous.

Les esclaves qui de haute lutte ont su vous rendre fière.
Digne.
Noble.

Belle dame.
Vos yeux ont la couleur-ébène de la tendresse.

Belle dame.
Vos yeux ont la couleur-ébène de la richesse.

Murielle M. MARTHÉLI

Ecrit du 19.10.2019
« Croqueuses d'âmes »
A tous les coureurs de jupons

Certaines ont le physique en écrin.
Certaines ont le cœur en écrin.
Certaines ont le cœur sur la main.
Certaines ont belle allure,
Mais..., leur cœur, où est-il ?

Sur cette île,
Certaines sont sophistiquées,
D'autres sont complexées,
D'autres, ont la peau sauvée.

Certaines sont très très belles
Et usent de leur beauté.
Beauté fugace ou beauté tenace,
Mais... ont-elles le cœur en écrin ?

Certaines rendent les hommes fous de désir,
Mais le temps d'un soupir,
Il faut fuir ! Déguerpir !

Toi, l'homme au regard superficiel,
Tu recherches le Ciel ?
Tu as le 7e Ciel.

Mais... tu l'obtiens après une partie de chasse
D'où ta Barbie te chasse...

Tu t'es marié, il y a plusieurs décennies,
Au mannequin taille 38 que maintenant tu honnis.

Les couches passées,
Les enfants nés ;
De ton sacrement de mariage
Tu fais fi !

Avant tu pensais :
« *Je te présente ma conquête* ».
Maintenant tu ne dis même pas :
« *Je te présente mon épouse* ».

De la ligne fine de votre rencontre,
Elle a sacrifié à la ligne courbe des grossesses,
Grossesses portées,
Grossesses programmées,
Grossesses bénies...
Mais... grossesses dont tu fais fi !

Toi, tu rêves de Barbie et
De la souffrance de ton épouse, pas le moins du monde,
Tu te soucies.

Elle est désemparée, désespérée, humiliée.
De tes aventures tu te vantes ;

Mais elle, tu l'épouvantes !

A ses larmes refoulées,
Dieu, Lui, n'est pas indifférent.
Et sans que tu ne le voies,
Il lui donne grâces sur grâces.

Grâce surtout de prier pour toi,
Là où un Dieu jaloux a déjà baissé les bras,
Se disant simplement : « il fera un tour en bas ».

Dans le lieu où il ne faut pas aller.
Dans le lieu où tu ne veux pas aller.
Mais... dans le lieu où
Tu te diriges à grands pas !

Oubliant que chaque jour,
Ce n'est point ta Barbie,
Mais ta femme chérie,
Qui implore et supplie,
De jour comme de nuit,
Répétant simplement quand à l'autre tu fais l'amour :

« Seigneur,... j'ai tant souffert !
Je te présente mon mari.
S'il te plait : pardonne lui... ».

Murielle M. MARTHÉLI

Ecrit du 20.10.2019
« *L'éducation du palais* »
Texte dédié à tous les gourmands

Tu manges trop,
Dit quelqu'un de mince.
Elle est trop grosse,
Pense quelqu'un de mince.

Elle est obèse,
En pense un autre.
Mais... il le pense juste, et s'abstient de le dire.

A vrai dire, l'ADN alimentaire,
S'inscrit dès la petite enfance.

Tu es trop grosse,
Cela fait toujours ironiquement plaisir
Mais ne porte vraiment pas à sourire.

D'autres se rattrapent :
« *Mieux vaut faire envie que pitié* »
Disent-ils confus et maladroits.

Cependant,...
Chacun voit la corpulence mais...
Chacun voit l'opulence des aliments consommés,
Sans soupçonner une seconde

Qu'en une fraction de seconde
Eux aussi obéiraient
Au diktat de la médecine
Et des médicaments prescrits
Qui ouvrent l'appétit.

Avoir à supporter le poids des années,
Avec de surcroît une surcharge pondérée...
Oh... que dis-je, pondérale.

Aucun médecin, malgré sa science,
N'a eu l'idée de se dire :

« Que vaut-il mieux ?
Mourir d'une crise cardiaque
D'un cœur empli de graisse ?
Ou, guérir par psychothérapie,
D'une maladie de l'âme
Sur laquelle aucun psychothérapeute ne s'est encore penché ? ».

Ils se disent de toute façon,
Le médicament ment,
Mais... comme il est pris aisément,
Il passera facilement.

Au fond, je regarde la vie.
Les 108 kg que je fuis,
Alors que j'en ai fait 142 ;
Poids dont seul Dieu m'a délivré.

Alors que la médecine, sans psychothérapie ;
Ne s'est jamais dit que si ces comprimés me sont prescrits
Il me faudrait corrélativement un suivi.

Et, même sans ce suivi, tout stress amenant du grignotage,
Sans parler de l'enfumage
D'une cigarette sur laquelle,
J'aurai pu faire naufrage !

Mais la cigarette,
La médecine peut la combattre.
Elle ne peut par contre le faire pour le sucre :
C'est affaire de gros sous.

De plus, comment expliquer au patient,
Qu'on lui enlève son seul joujou
Qui depuis sa tendre enfance, l'assassine :
« *Petits gâteaux sucrés, friandises enrobées...*
Bref... les petits plats sucrés,
De grand-mère qui font grossir
Et qui sont, pour l'instant, à bannir ! »

Comment faire comprendre à un adulte,
Comment expliquer à un patient,
Que de péché mignon, il n'y en a pas.
Mais... que par contre pour survivre maintenant,
Il lui faudrait refaire toute son éducation

Education d'un palais fin gourmet.
Education d'un palais mal élevé.
Education d'un palais mal éduqué.
Eduqué par des parents crédules,
Qui du sucre ne se sont pas méfiés.

Murielle M. MARTHÉLI

Ecrit du 18.10.2019
« Question de corpulence »
Texte dédié à tous ceux qui sont en surpoids ou obèses

Tu es corpulent.
Corpulence subie.
Corpulence non choisie.
Corpulence qui se rit,
Des régimes que tu chéris.

Tu tentes de perdre,
Mais tu n'y arrives pas.
Tu tentes de gagner le dur combat du poids,
Mais,... tu n'y arrives pas.

Ton poids a tous les droits.
Il s'impose à toi.
Il t'impose de manger,
Même lorsque tu ne le voudrais pas.

Il t'incite à crier à l'injustice.
Il t'incite à demander justice.
Il te donne même l'envie de saisir le Tribunal ;
Mais... contre qui au final ?...

Aux concombres et crudités,
Tu t'abonnes, tu t'abandonnes.

Pour en définitive ne rien perdre,
Sauf peut-être de ta superbe,
Après avoir repris l'excès pondéral, préalablement perdu.

Ton poids reflète ton passé.
Ton poids reflète ton présent.
Ton poids reflète ta souffrance,
Ton besoin d'une présence réconfortante.

Ton poids reflète ta tristesse.
Ton degré d'impuissance,
Tes blessures causées par d'autres,
Qui de façon condescendante,
Et… rarement compatissante,
Te répètent régulièrement l'évidence.

Phrases fatidiques et incontournables,
Mais,… souvent glissée à table,
« *Fais attention à ton poids,*
Ne manges pas trop.
Il te faut impérativement perdre du poids!
Tu es trop gourmand,
Tu es trop gourmande
Tu es trop vorace!… »

J'en passe et des meilleures…

Pourtant, ces peu-intelligents
Qui ne te voient même pas en souffrance

Ne voient pas, non plus
Les efforts quotidiens ;

L'handicap quotidien.
Lorsque pour le moindre mouvement
Fourni par toi, ton pauvre corps d'obèse,
Soulève deux à trois fois,
Le poids des donneurs de leçons.

Même pour mettre un caleçon,
Plus d'efforts tu dois fournir ;
Même pour aller marcher,
Deux à trois fois plus d'efforts tu dois fournir,
Sur un cœur lui, fatigué.

A défaut de définitivement tirer un trait
Sur ce qu'est la vie,
Tu fais face à tes envies
En te mutilant, en te suicidant à petit feu,
En déniant même à Dieu le droit d'exister et de t'avoir créé.

D'aucuns tentent opérations, sur opérations
Au péril de leur vie.
Déstabilisés, ils se disent ; « *tant pis !*
Si je rétrécie par chirurgie ce maudit estomac ;
Je vivrais alors une plus belle vie... ».

Pourtant bien souvent, la surcharge pondérale
N'est que fragilité mentale.

La surcharge pondérale
Est fragilité affective.
Elle provient d'un manque d'amour,
D'un manque d'écoute.

Elle vient d'un manque d'amour sincère et vrai
Qui fait grandir et construit,
Et non d'un amour-kleenex,
D'un amour-plaisir érotique d'une nuit.

Rendez heureux tout corpulent.
Donnez de la tendresse à tout corpulent.
Donnez de l'affection à tout corpulent.
Il fera de lui-même le choix d'arrêter,
De stopper tout sucre, toute friandise.

Montrez-lui qu'il est beau.
Dîtes lui qu'elle est belle.
Qu'il ou elle est désirable.

Par amour pour vous,
Il ou elle stoppera sur le champ,
Toute graisse, sucre, friandise ou tentation

Le corpulent deviendra l'être de vos rêves
Avec en plus, joyau tant caché,
Un caractère, une sagesse, une maturité
Que seule la souffrance de longues années,
Peut permettre d'acquérir.

Car pendant ses années d'agonie,

Où, il ou elle a été tant honni,
Que Dieu lui-même s'est penché sur son cas,

Lui avouant tout bas :
« *Mon enfant, ... comme tu souffres !*
En contrepartie, j'aurai toujours un regard sur toi »

Telle est la force des personnes de poids.
Telle est la Divine force des personnes à excès pondéral.
Tel est le courage que Dieu leur a donné,
Pour survivre, dans notre société, à leur obésité...

Murielle M. MARTHÉLI

Ecrit du 17.10.2019
« Homme frivole »
Texte dédié à beaucoup d'hommes qui se reconnaîtront

Homme frivole.
Homme volage.
Homme fier.
Homme qui se sent homme.
Homme qui se veut homme.

Aurais-tu oublié une chose ?
Qu'est-ce qui fait la valeur d'un homme ?
Ses conquêtes ? Non
Son argent ? Non
Sa fierté ? Même pas…
Car elle est facile à posséder.

Qu'est-ce qui fait la valeur d'un homme ?
Le respect qu'il a de lui-même.
Le respect qu'il a de son corps.
Le respect qu'il a de son sexe.
La maîtrise de ses conquêtes.

« *Lachez vos coqs mais attachez vos poules !* »,

Dit-on sur mon île.
Il est aisé de céder à la facilité.

L'image du coq du village est facile à posséder.
L'image du coq du village a part belle.
Mais, jamais on ne voit un coq suivi par ses poussins.
Ces derniers suivent la poule qui
Elle seule les a éduqués.

C'est la raison pour laquelle,
Certains « *coqs*» se retrouvent seuls à la fête des pères
Ou sur leurs vieux jours.
« *Ah... les femmes... les filles... la gente féminine me fascine...* »
Vont jusqu'à dire certains,
Troublés au plus profond de l'âme.

« *Elle est jolie... elles sont jolies...*
Voire même ravissantes... renversantes... »...

Cependant, au change, regarde ce que tu perds !

Pour une nuit de plaisir,
Pour une nuit de conquête,
La fleur que tu aurais pu avoir,
La fleur que tu aurais dû avoir,
Tel un papillon s'en va
Et se dit immédiatement :
« *Ce zèbre là... je n'en veux pas !* ».

Pour une nuit de plaisir,
Pour une nuit de conquête,

Tu te retrouves à rester avec celle que tu n'aimes pas.
Tu confonds désir et réels sentiments.
Le désir l'a emporté
Mais, les sentiments de ton amazone d'une nuit, eux, se sont lassés.

Tu dois te rendre à l'évidence :
L'amazone ne t'a jamais aimé.

Une amazone est une amazone.
Une amazone reste une amazone.
Toi, à force de t'accrocher,
De galipettes en galipettes,
Tu finis par croire à l'amourette.

Mais... l'amazone, elle,
Te montre son caractère
Au point que tes amis,
A défaut de se la faire,
Te voyant si peu épanoui, te glissent gentiment un jour, à leur tour
« *J'ai rencontré une telle...*
Tu sais qu'elle est libre ?!... ».

Espérant qu'ainsi l'étincelle prendra et que l'amour reviendra.

Sauf, qu'une telle a sa fierté,
Et te crache au visage,
Comme toi tu le faisais encore,
A quelques conquêtes éphémères qui avaient eu le tort de croire,
Que de Don Juan tu ne l'étais point,

Alors que d'homme amoureux,
Tu faisais semblant.

Cette fois, ta fleur rêvée,
Te dit, sans ménagement :
« *Désolée mon gars... j'aspire à une vie stable.*
Pas à un pacha qui met ses pieds sous la table
Et attends d'être servi.
Pas à un débauché
Dont la zigounette a déjà trop servi ! ».

Tu repars éconduit et penaud.
Tu ne réalises même pas que ce n'est que justice.

Tu repars te disant :
« *Malheureusement, je dois rester avec l'amazone de service et de vices,*
Car avant, c'est ainsi que je parlais aux filles.
Je leur disais, vulgairement, les plaquant aussitôt :
Tu as déjà servi !
Pour signifier alors :
Regarde le nombre de tes ex-partenaires.
Tu n'es même plus vierge !

Je me montrais volontairement méprisant envers les femmes.
Oubliant qu'une amazone reste une amazone
Mais que toutes les non-vierges
Ne sont pas des amazones.
Par contre, si ma fleur que j'ai chérie,
M'a dit cela aujourd'hui,

Fleur que je n'ai pas vu.
Fleur en l'amour de laquelle je n'ai pas cru ;

Ce n'est hélas que justice.
Car j'avais oublié une chose :
Une amazone demeure une amazone
Et... le mot amazone demeure, lui, toujours au féminin ».

Murielle M. MARTHÉLI

Ecrit du 17.10.2019
« En hommage à toutes les femmes ébènes »
Texte écrit pour tous les racistes qui s'ignorent afin qu'ils se remettent en question

Racisme ?
Vous avez dit racisme ?
Non... ce travers n'existe pas dans mon pays...

Racistes ?
Vous avez dit racistes ?
Non... personne ne l'est dans mon pays.

Ce n'est pas du racisme, c'est juste une préférence de type physique, quoi !......

Racisme ?
Vous avez dit racisme ?
Le mot fait peur.
Le mot heurte.
Le mot émeut.
Le mot fait se lever les boucliers.

Boucliers de l'ascension sociale...
Boucliers du choix d'une compagne...

Racisme ?
Vous avez dit racisme ?

Entre Noirs... jamais !
Entre Noirs, cela n'existe pas... !
« *Nou nèg !* » exprimant la fierté d'être Noir
Est asséné jour et nuit par les médias de l'île.

Mais... au quotidien...

Racisme ?
Vous avez dit racisme ?
Comment expliquer FANON :
« *Peau noire et masques blancs* » ?

Racisme ?
Vous avez dit racisme ?
Comment expliquer que jusqu'à de nos jours, la femme
de type négroïde
Couleur foncée,
Couleur ébène ;
La femme au tissage complexée du complexe des hommes
Se raidisse chimiquement le cheveu
Voire les cache ?

Comment expliquer que le capillaire négroïde
Soit sacrifié pour des hommes préférant singulièrement
Le cheveu raide, ou frisé des métisses, des indiennes
ou des Blanches... ?

Hommes à l'attitude complexant tant leurs compagnes,
Qu'elles sacrifient le joyau donné par Dieu qu'elles sont seules

à posséder :
Un capillaire si enchevêtré qu'il en ressemble à de la laine.

Laine se déclinant aux Antilles comme sur un prisme divin,
Allant du noir jais au blond tenace,
Tenace car obtenu sans teinture.

Prisme n'omettant pas le capillaire rare de la rousse,
Avec ou sans taches de rousseur,
N'omettant pas aussi celui jaune poussin de certaines chabines et
La fierté de posséder, sur ses vieux jours,
Pour les Noires albinos, une blancheur neigeuse immaculée
du cheveu.

Prisme retraçant un panel de couleurs,
Capillaire enchevêtré,
Jolie petite laine,
N'existant pour aucun autre phénotype humain,
Toi, le cheveu négroïde,
Tu devrais être encensé car tout ce qui est rare est prisé.

Pourtant, tu es un joyau rejeté,
Galvaudé, détesté pour certaines se fiant au goût de certains
Certains influencés par les médias télévisuels,
Imposant une certaine vision de la beauté.

Critères se rapprochant toujours du type caucasien.

La mode ayant longtemps fait fi des autres types physiques,

Comme si Dieu n'avait créé qu'une race,
Sans aimer la diversité.

Rejet hérité d'une page d'Histoire non tournée,
D'une Histoire construite entre Esclavage, mépris d'une race et Colonialisme.

Rejet issu de la « *bombe atomique des consciences* » qu'ont été ces deux périodes.
Rejet de cette laine possédant des teintes diverses et variées.
Rejet de cette singularité unique au monde.
Rejet du cadeau précieux de Dieu aux femmes noires.
Du joyau offert par Dieu dans sa volonté de diversité.

Tel un peintre,
Peignant l'humain sur une toile de maitre,
Toile peinte à Sa guise et non ratée
Dans un délire exponentiel de couleurs.

Capillaire présent pour attester de l'amour de Dieu pour ce type de femmes.
Femmes rejetées depuis l'époque de Moïse dans la Bible,
Où Myriam, sœur de Moïse, le critiquait,
D'avoir épousé une éthiopienne, donc une Noire.

Cette femme possédait le joyau.
Joyau sacrifié de nos jours sur l'autel de la chimie.

Joyau sacrifié de nos jours sur l'autel de la mode.

Mode diktat des hommes
Hommes préférant la raideur capillaire des caucasiennes, des Asiatiques
Hommes préférant l'ondulation capillaire des métisses ne possédant pas la laine,
Là où une Histoire, prônant l'oubli de soi-même,
Fut longtemps enseignée.

Toi, homme non encore réconcilié avec ton passé,
Fais-tu preuve d'un racisme conscient et inavoué ?
Tu vas à Cuba, Saint Domingue ou en Amérique du Sud,
Chercher et trouver celle qui partagera ta vie.

Tu t'étonnes ensuite qu'une fois mariée,
Celle qui recherchait uniquement une vie meilleure,
Te dise « *Ciao mi amor* ».

La mariée te lâche, t'abandonne,
Oubliant même parfois de te dire « *merci* ».

Quant à toi, femme au phénotype négroïde,
Après trois cent ans de mépris et d'humiliation,
Tel quelqu'un se réveillant dans un hôpital,
Après une opération délicate,
Tu t'éveilles lentement,
Lentement, la femme aux cheveux négroïdes s'éveille.
Mépris et humiliation encaissés,
Fonction graduelle de la carnation tirant vers la couleur foncée.

Pendant des siècles et des siècles, plus elle était foncée,
Plus cette femme était méprisée ;
Plus sa carnation se rapprochait de l'ébène,
Plus cette même carnation faisait fuir
Une hypothétique belle-famille.

Après trois cent de mépris et d'humiliation,
Après Esclavage puis Colonialisme,
L'heure était au réveil de l'endormie.
L'endormie qui pensait que sa condition ne changerait jamais,
A peut-être, dans son désespoir,
Fait une prière à la patronne des causes désespérées :
Sainte Rita, fêtée le 22 mai.

Nous ne le saurons jamais.
En tout cas, Dieu qui voit tout, entend tout, subodore tout,
A fait la mode évoluer.

A travers les yeux des Blancs,
Les Noires commencent,
Surtout si elles sont très foncées,
A être aimées, à être trouvées belles.
La mode nappy s'installe et favorise le cheveu naturel,
Chose impossible il y a soixante ou soixante-dix ans.

Les « *Blacks* » sont à la mode.
La mode est aux « *Blacks* ».
Alors la fille aux cheveux crépus,
La fille dont on disait que ses cheveux se dressaient comme des pics

Tels d'affreux fils de fer lorsqu'on les nattait pour dormir ;
« *la Black* » se dit alors : « *Si telle est la solution,*
Surfons sur la vague et passons à l'offensive ».

Afin de paraître plus attrayante,
Aux yeux de celui qu'elle aime et fait peu cas de sa personne,
Tout en faisant « *courbettes et re-courbettes* » à la métisse et à la caucasienne,
Qu'il dit haut et fort ne pas aimer pour leur préférer des Noires foncées,
La Black affirme sa différence.

Elle se met à s'occuper d'elle régulièrement
Et à prendre soin de sa belle toison capillaire.
Elle se maquille légèrement,
Juste ce qu'il faut pour sublimer son teint particulier.
Elle, qui du fait de la splendeur de sa peau, n'en a même pas besoin.

Ce qui est rare étant prisé,
La Black commence à avoir du succès.
On la regarde.
On la remarque.
On la siffle,
Juste pour qu'elle se retourne au sifflement
Et que l'homme l'ayant sifflé aperçoive son visage.

Dès lors, elle se dit que l'être aimé,
S'il l'aimait en retour,

Serait aveuglé d'amour pour elle.

Ainsi, elle comprend : si elle souhaitait qu'il reste avec elle,
Elle devrait sacrifier son divin joyau :
La jolie laine noire léguée par Dieu,
Héritage du Seigneur attestant de Son amour pour elle,
Singularité de son phénotype physique.

Elle comprend que si elle est née ainsi,
C'est que Dieu en a voulu ainsi.
Elle comprend qu'elle doit entretenir ce cadeau.
Ce joyau dont elle ne doit pas se débarrasser,
Pour plaire à un homme ne sachant pas qui il est.

Homme victime d'un passé de soumission où la clarté n'était pas lumière,
Mais clarté de la peau uniquement,
Peau plus claire, comparée à la clarté divine, qui avait tous les droits.

La Black se dit que jamais plus elle n'abimera son cheveu !

Certains hommes ne réalisent même pas que par leurs agissements,
Ils poussent les femmes à détruire leur joyau, parfois définitivement :

Le cheveu négroïde trop souvent défrisé,
N'a plus la même frisure.

Son enchevêtrement semble augmenter ; il devient sec et cassant.
Il perd de sa souplesse et est nettement moins beau.

Bon nombre de femmes ou d'hommes,
Scrutent le phénotype négroïde pour mieux le fuir :
Il faut un père ou une mère ayant la peau sauvée pour enfanter.
L'enfant doit avoir la « *peau sauvée* »,
Peau plus claire que celle de ses propres parents.

Préférant, pour sauver leur peau,
Au sens propre comme au sens figuré,
Ne pas faire face au courroux de leur père et mère,
Leurs demandant s'ils ont un problème
Pour ramener à leur domicile, une future belle-fille noire comme la nuit d'avant-hier soir.

Ce faisant la femme au phénotype négroïde
Face aux cheveux lisses et aux boucles des métisses
Se dit un jour :

« *Ok... j'en ai assez de me faire doubler.*
De me faire dépasser.
Peut-être suis-je moins belle
Peut-être suis-je moins jolie,
Aux yeux de ceux qui pensent connaître la vie ! ».

Alors, à la énième déception,
Celle aux cheveux non défrisés,
Celle aux cheveux très crépus,

Celle que beaucoup regardaient, contemplaient, trouvaient belle
Mais non mariable du fait de sa couleur ;
Celle aux cheveux que l'on disait « *grain-nin* », se dit :

« *Vu que c'est subjectif, passons à l'offensive !*
Les hommes de type négroïde me rejettent.
Ils me trouvent peu d'attraits avec mes cheveux crépus,
Voulant ainsi que je les défrise ou que je les tisse.

Vu que je me suis mise à aimer ma petite laine capillaire
Depuis que les Blancs m'ont eux-mêmes fait prendre conscience
De toute l'originalité de ma jolie petite toison,

Je deviens coquette, soignée, sophistiquée, maquillée,
M'appliquant encore plus dans mon souci de make up.
On verra bien si la peau noire ne fera pas la différence ! ».

Là,
Surprise !

Quel teint splendide, irréprochable !
Inimitable, inénarrable !

Elles se passent le mot, se disant :
« *Femme noire aux cheveux très crépus*
Femme ébène, toi qui n'es pas blême.
Rebelle toi !
Montre-toi !
Sois fière de toi !

Relève le défi ! »

Tout ce qui est rare est prisé et
Le métissage se développe avec les transports.
Le monde n'est plus qu'un village.

Femme ébène jugée trop noire pendant des siècles et des siècles,
Rejetée de tous, y compris par les juifs quittant l'Egypte ancienne,
Je te donne une décennie.
D'aucuns de ceux qui ont méprisé tes cheveux très crépus,
Les qualifiant de « *grain nin* » et de fils de fer,
Leurs préférant la toison bouclée des métisses et le teint clair,
S'éloignant du phénotype foncé,
Seront époustouflés.

La mode ayant changé, l'homme qui l'avait rejetée tel un chasseur
de proies
Ne visant que les belles prises se dit alors :
« *Diantre ! Quelle élégance, quelle classe !...*

Hélas,... je ne peux plus maintenant l'aborder.
Elle est inaccessible.
Elle est sur une autre galaxie.
Elle est devenue mondaine.
Elle a trop de relations humaines... »

Et moi, l'amateur de Galack,
Qui aime maintenant le chocolat noir,
Le brut quatre-vingt pour cent cacao

Je ne peux que lorgner de loin
Le teint ébène
Que j'ai rejeté, dénigré, méprisé ;
Que je n'ai pas pris au sérieux.

Alors que maintenant,
Mon kamasutra connu avec celle que je lui ai préférée,
Je ne peux que rêver de ma poupée ébène,
De ma Barbie aux cheveux crépus,
Que trop occupé par le « *Quand dira-t-on ?* »,
Par le politiquement correct,
Je n'ai pas choyé à temps.

Alors que, la nature ayant horreur du vide,
Un autre, qu'elle n'aimait pas au départ,
L'a remarquée,
Choyée,
Consolée.

Elle, par respect, par devoir, puis, par amour tout simplement,

A dit « *oui* » à cet autre.

Autre, qu'elle a épousé.
Autre, que je n'ai pas vu venir.
Autre, qui a vu toute la splendeur de ma poupée ébène.

L'homme noir crée volontairement ou non
Une division entre les femmes noires

Imposant pour certains, intentionnellement ou non
Un diktat capillaire dans le choix de leurs épouses et
Montrant ostensiblement qu'il ne s'intéresse pas aux filles foncées
ou très foncées de peau de son pays,
A celles aux « *cheveux-fils de fer* », comme disent certains,
A celles aux cheveux semblables aux bouts de ferraille utilisés
Pour nettoyer les casseroles aux fonds brulés.

Ils préfèrent ramener leurs épouses de Cuba, de Saint Domingue,
ou d'Amérique du Sud
Malgré le fait qu'il y a plus de femmes que d'hommes sur l'île.

Cependant,
Dieu rétablissant toute justice sur cette terre
A bien souvent doté les femmes foncées d'une douceur de
caractère rarement égalée car
Depuis l'enfance, elles ont pris l'habitude de ne pas être
capricieuses et
D'avoir un bon caractère sinon,
Personne ne viendrait vers elles.

C'est là que l'on peut réaliser

Toute la souffrance des femmes ébènes.
Toute la richesse des femmes ébènes.

Murielle M. MARTHÉLI

Ecrit du 5.10.2019
« Une fleur »
Texte dédié à toutes les femmes

Je suis une fleur.
De celles que l'on butine ?
De celles que l'on assassine ?
Non...

Je suis une fleur.
De celles qu'on pare de rosée
Lorsque le matin, on s'approche.
Que l'on hume avec plaisir,
Que l'on chérit de tout son cœur.

Oui,...
Je suis une fleur.
Et pas des moindres fleurs.

De celles aux nectars recherchés.
De celles aux paroles douceureuses.
De celles aux regards envoûtants.
De celles aux regards réservés.
De celle aux regards cachés.
De celles aux regards dérobés.

Je suis une fleur.
A la fragilité si réelle, si tangible.

Une fleur battante.
Une fleur charmante.
Une fleur envoûtante.

Une fleur que tous les papillons qui butinent toutes les fleurs
rêvent de trouver ?
Oui !

Fleur unique, précieuse.

Une rose, une rose atypique,
Une rose de porcelaine.
Une rose sans épine.
Un anthurium local d'un bouquet de mariée arrangé ?
Non !... Même pas...

Je suis une fleur, c'est tout... mais...
Une fleur rare.
Une fleur qui se laisse trouver.
Une fleur si cachée,
Que personne ne voit son trésor.

Fleur saccagée.
Fleur humiliée.
Fleur déflorée.

Mais... fleur passage obligé,
De tout papillon qui cherche une fleur précieuse
Papillon qui s'arrête, contemple sans butiner.

Fleur martyrisée ?
Jamais !

Je suis la fleur que tout homme doit trouver.
Je suis la fleur que tout homme doit respecter.

Je suis la mère.
Je suis la sœur.
Je suis la fille.
Je suis la fleur.

Je suis la fleur de l'île aux fleurs.
Je suis la fleur de toute île aux fleurs.

Murielle M. MARTHÉLI

Ecrit du 15.10.2019
« Je suis née d'un pays »
Texte dédié à tous ceux qui sont victimes d'erreurs médicales

Je suis née,
D'un pays imaginaire,
Où les médecins semblent examiner leurs patients.

Je suis née,
D'un pays libre où les libertés sont brisées.

Je suis née,
D'un pays où l'on écrit.
D'un pays où l'on souffre.
D'un pays de non-dits.

Je suis née,
D'un pays sans âme,
D'un pays sans état d'âme,
Où la souffrance est niée,
Où la souffrance est auscultée,
Pour ne pas être soignée
Et être mieux occultée.

Je suis née,
D'un pays de poètes,
D'un pays sans solidarité,

D'un pays de chicanes,
D'un pays d'influences.

Je suis née,
De ce pays imaginaire,
Où le sang coule,
Pays où le sang parle,
Sans maux dits,
Sans maudire,
Sans mots dits,
Sans maladresses.

Je suis née,
D'un pays de préjugés,
Où l'on se forge à la force du poignet,
A la force de convictions,
A force d'images.

Je suis née,
D'un pays d'images,
D'un pays sans passions,
D'un pays de volcans,
D'un pays déréglé,
D'un pays de : « *Chuuuut!... Tout se passe bien!* ».

Je suis finalement née,
D'un pays niant Dieu,
D'un pays en désarroi,
D'un pays de non-dits

Et d'espoirs avortés.

Je suis née,
D'ici et pas d'ailleurs.

Je suis née,
D'une île engloutie.

Je suis née,
D'une île disparue...

Murielle M. MARTHÉLI

Ecrit du 15.10.2019
« Certitudes »
Pour tous ceux et toutes celles qui ont des certitudes bien ancrées

Certains sont frivoles.
Certains sont regardants.
Certains fulminent.
D'autres hument.
Certains se détruisent.
D'autres se reconstruisent.

Certains font leur travail.
Certains travaillent.
Certains se montrent humains.
D'autres, lobotomisés.
Certains sont incertains,
D'autres, pleins d'amertume malgré leurs certitudes.

Pourtant,... d'aucuns ne peuvent arracher la certitude,
De ne pas croiser un jour le regard hautain
De celui qu'on aura déshumanisé,
De celui qu'on aura oublié,
De celui ou celle qu'on aura jugé fou ou folle,
De celui qu'on aura emprisonné,
De celui qu'on aura embastillé,
Avec tant de certitudes.

Certitudes tellement certaines
Que le temps de la moisson venue, les moissonneurs diront :
« Ce qui est sagesse pour l'homme est folie pour Dieu.
Ce qui est folie pour l'homme est sagesse pour Dieu ».

Ainsi, dans l'attente de la moisson ;
Chacun vaque à sa tâche.
Celui-là à son jardin,
Celle-là à sa cuisine.

Mais,... une chose est oubliée et
Pleine de certitudes :
Un jour viendra où l'incertitude
Comme la certitude
Fondront devant La Vérité.

Vérité qui, elle, prendra la parole
Et plaidera à pleine voix,
Telle la voix des sans la voix,
Pour que les incertitudes deviennent certitudes.

Elle plaidera devant le Trône de Celui qui de toute éternité,
Permet la certitude qu'Il demeure, à jamais, La Vérité qu'est Dieu.

Murielle M. MARTHÉLI

Ecrit du 16.10.2019
« Petit oiseau »
Pour Alex – Pour tous les hospitalisés

Petit oiseau,
Qu'apportes-tu comme nouvelles ?
Petit oiseau,
Le temps sera-t-il clément ?
Petit oiseau,
La brise sera-t-elle légère ?
Non...

Un ouragan approchant ?
Dis-moi, petit oiseau,
Pourquoi viens-tu à ma fenêtre ?

Tu as relevé ma tristesse ?
Tu as relevé ma solitude ?
Tu as relevé ma détresse ?

Dans ma détresse,
Petit oiseau,
Chante encore ce chant si beau
Que j'oublie mes peines et
Qu'enfin guérissent les cicatrices de mon cœur.

Dis-moi, petit oiseau,
Toi qui es si beau,

Rondouillet et tout noir,
Avec juste un poitrail rouge.

Dis-moi, petit oiseau,
Comment se fait-il que toi,
Petit oiseau,
Tu aies la délicatesse de penser à moi,
De venir me voir,
Me rendre visite, quoi...

Dis-moi, petit oiseau,
Où sont les autres ?
Ceux qui m'aimaient bien avant,
Ceux que je véhiculais,
Ceux que je fréquentais,
Ceux que j'aidais,
Ceux qui m'aimaient en apparence, quoi...!

Dis-moi, petit oiseau,
Avec ton « cui, cui, cui... » incessant,
Tu égayes ma journée.

Suis-je au Sahara ?

Est-ce un mirage ?

Où sont passés les autres, petits oiseaux ?
Dis-moi.
Je me frotte les yeux...

Peut-être est-ce un rêve...
Non,... tu es bien présent, petit oiseau.

Mais moi, à la différence de toi,
Petit oiseau,
Tu voles, tu t'envoles,
Et tu as d'autres copains oiseaux.

Moi, je suis seule dans cette chambre d'hôpital,
Où je lorgne, je scrute, chaque geste de tes petites pattes,
Petit oiseau.

Je me dis :
« *Comme il est beau,*
Comme il est gentil cet oiseau ! »

Mais, d'un coup d'ailes,
Je te vois repartir, petit oiseau,
Oiseau qui ravit tant mon cœur,
Oiseau dont la venue me fait tant plaisir.

Je pense et je me dis alors :
« *Vraiment, je ne souhaite que personne sur cette terre,*
Que personne sur cette planète,
N'ait à quémander la visite d'un petit oiseau »

Me disant aussi :
« *Au moins, ce petit oiseau-là,*
A eu la délicate attention de venir me visiter ;

Lorsque les autres, tout simplement
Tellement préoccupés,
Ne s'attardent même pas sur la valeur ou la beauté,
D'un petit oiseau qu'à force de regarder, on finit par trouver charmant ».

Murielle M. MARTHÉLI

Ecrit du 22.10.2019
« Hôpital ou prison ? »
Texte dédié à tous les personnes qualifiées de malades psychiatriques

Je viens de faire le rêve,
D'un monde imaginaire
Où les choses se passent ainsi.

Tels sont tes droits si tu vas en prison.
Tu braques une banque ?
Tu peux appeler tes parents.
Tu tues quelqu'un ?
Tu peux appeler tes parents.
Tu assassines un bébé par IVG ?
Tu peux appeler tes parents.
Tu as une faiblesse psychologique ?
Tu as un suivi psycho-logique.

Là, ce sont tes droits si tu vas en prison.

Mais, mon rêve a tourné au cauchemar
Car dans mon pays imaginaire, le pays de mon rêve,
La réalité de l'hôpital psychiatrique est tout autre.

Bon nombre d'ex-détenus, hospitalisés en psychiatrie,
Au juge des libertés,
Supplient.

Ils demandent la suprême grâce :
Retourner dans l'univers carcéral
« *A la prison, je souhaite retourner*
Je vous en supplie, Monsieur le Juge, je veux y aller ! ».

Curieux comportement, où,
En toute apparence,
A l'enfermement de l'hôpital
On préfère la « *zonzon* »...

Cette attitude m'interpelle,
Et dans mon sommeil, je vois
Qu'en hôpital psychiatrique,
Cela se passe comme cela.

Tu ne peux pas appeler tes parents
Comme tu l'entends.
Parfois, c'est un appel par jour,
Appel dit « *personnel* »
Par opposition à l'appel dit « *professionnel* ».
Parfois, ce n'est pas d'appel du tout.
L'hospitalisé est mis au désert
Et le portable, oasis momentanée de bonheur,
Ne lui est pas permis.

Et,... en hôpital psychiatrique
L'oasis de bonheur,
N'est accessible que selon l'analyse du psychiatre tout-puissant.
Or, en ce lieu, il n'y a pas les portables cachés

Que l'on peut se refiler sous la table
Afin de rendre le séjour plus agréable.

A l'hôpital,
Tu n'as de suivi psycho-logique
Que si le service en est équipé
Où, si tu y restes suffisamment longtemps.

Par contre, de médica-ments
A souhait on te gave,
Même si de la maigreur, à l'obésité te guettant, tu dois te retrouver.

Tu es en surpoids, pas grave.
Régime hypocalorique !
Sauf qu'à plus de cent kilogrammes de la ligne très courbe, à la ligne fine,
Il est difficile de revenir.
Quatre kilogrammes pris en deux semaines, avec un régime hypocalorique
Et trois heures de sport quotidien,
N'inquiètent personne !

On ne se soucie pas non plus de ton sort,
Quand revenu à la maison,
Tu feras nettement moins d'efforts !

Par contre, de médica-ments
A souhait on te gave !

Plus de vingt-quatre ans de suivi par prises de psychotropes et
Une prise de soixante kilogrammes en sept ans à la clé,
Ne traumatise aucun des psychiatres vus au cours de ces vingt et
quelques dernières années.

Cela passe inaperçu dans le dossier,
Malgré ton obésité morbide !

Le psychiatre lui-même,
Ne pense même pas à te demander si cela a altéré un tant soit peu,
Ton humeur ou ta vision de femme.

Plus de vingt-quatre ans dans une telle détresse psycho-logique,
N'alerte aucun psychiatre,
Aucun expert,
Tout ce qui compte c'est qu'en faisant fi de la psychologie,
En faisant fi de la théologie,
D'allopathie on te nourrit !

De médica-ments, on te gave.
Médicaments, médica qui, souvent mentent.
Car dans la quasi-totalité des cas,
C'est un manque d'affection qui dans ce lieu t'a conduit ;
Ou des sortilèges en tous genres du domaine de la théologie

Et non de celui de la psychiatrie.
« *Celui qui traite son frère de fou*
Est passible de la Géhenne de feu »
Dit le Christ dans un ou plusieurs évangiles.

Il indique ce faisant que la folie n'existe pas.
Avant de m'endormir je regardais aujourd'hui les informations,
Et j'ai vu comment aux Etats-Unis,
Un carnage a été évité,
Par un professeur de sport, courageux et censé
Qui voyant un jeune,
L'arme à feu pointée,
Prêt à ouvrir le feu tant il était désespéré.

Ce professeur s'est dit, tout simplement,
« Faisons lui un câlin »

Il a alors pris le lycéen dans ses bras,
Ce jeune si désespéré, qu'il était tombé bien bas.

Au péril de sa vie,
Ce professeur a agi
Mais, ce faisant, a sauvé des vies.

Ce qui semble un fait divers, banal,
Me permet de dire que si nous étions unis,
Au lieu de proposer systématiquement de l'allopathie,
Pourquoi ne pas développer la psychologie ?

Pourquoi ne pas se dire que si, d'un monologue,
Rien ne ressort,
D'un véritable dialogue,
Peuvent surgir de très belles choses.

Dans l'hôpital psychiatrique
De mon cauchemar, tout est noir.

Hôpital ou prison ?
Hôpital-prison,
Telle est la question...

Avec de surcroit une procédure judiciaire,
Où au bout d'une dizaine de jours,
Magistrat et avocat commis d'office,
Annoncent sereinement et très solennellement :

« Sauf erreur de procédure,
La mesure d'internement psychiatrique
Prise à votre encontre ne pourra être levée.
La justice ne peut se substituer aux psychiatres »

Ce dit, avec la solennité

Qui au monde judiciaire sied.

Cela revient à vous faire remarquer,
Qu'alors qu'il vous semblait que seul le juge tranchait, décidait et,
statuait,
L'expert étant là pour donner un simple avis ;
Que dans cette procédure-ci,
Le psychiatre, tout puissant
Dicte le verdict aux magistrats.

Car, même si vous faîtes valoir,
Qu'un ou plusieurs certificats médicaux
Mentionnent que vous avez été examiné,
Alors que c'est complètement faux ;
Le juge vous fait remarquer que
Sauf à faire une procédure en inscription de faux,
Procédure difficile, longue et coûteuse
A l'issue incertaine faute de preuves,
Votre examen médical mentionné sur le certificat médical,
Qui n'a jamais eu lieu,
Pour la justice, a eu lieu !

Les certificats versés aux débats,
Ont force de loi,
Et sont donc vrais
Que cela vous plaise ou non !

A daté de ce moment,
Vous comprenez la situation.

Vous vous dîtes que la seule solution
Est de brosser dans le vrai sens du poil
Votre psychiatre, tout puissant,
Votre psychiatre,
Plus puissant qu'un magistrat
Plus puissant que votre juge lui-même
Votre psychiatre ayant au-dessus de lui
Un Dieu qui seul peut vous sortir de là.

Vous vous mettez alors à prier,
Espérant que ce psychiatre ne mentionnera plus :
« *Comportement mystico-religieux,*
Délires, comportement hautain... ».
Il pourrait briser le peu de reste de dignité qui vous sied
En qualifiant votre comportement de « *hautain* »
J'en passe et des meilleures,...

Le but est que vous sortiez de là !

Face à votre impuissance,
Si vous avez encore de la jugeote,
A votre nouvel entretien, vous vous contentez de dire :
« *Docteur... ça va beaucoup mieux !*
Les médicaments me font du bien !
Je n'avais pas assez dormi !... »

Ça, ce sont les phrases que peuvent prononcer
Les plus résistants.

Pour être complètement sonnés,
Par les médicaments donnés,
Pour les autres,
C'est foutu :
Ils peuvent à peine s'exprimer !

Alors l'aube me surprend.
Je me dis alors :
« *Quel cauchemar !*

*Seigneur,... permet que je ne sois
Simplement jamais dans ce trou noir!* »

Murielle M. MARTHÉLI

Ecrit du 23.10.2019
« L'horloger céleste : une rencontre, une opportunité »
Texte pour tous les non-croyants

Qu'est-ce que la vie ?
Qu'est-ce qui crée la vie ?
Qu'est-ce qui fait la vie ?
Une rencontre.
Une opportunité.

Qu'est-ce qui crée la richesse ?
Qu'est-ce qui crée l'opulence ?
Une rencontre.
Une opportunité.

Qu'est-ce qui décide
De chaque instant de la vie ?
Une envie ?
Non... car à son levé l'humain
Ne sait ce que sera son coucher.

Qu'est-ce qui fait rebondir
Lorsqu'au fond du gouffre, on est ?
Une rencontre.
Une opportunité.

Tu passes devant le Tribunal.
Tu tombes sur un juge clément.
Cela se passe bien :
Tu obtiens gain de cause.

Par contre, si ce même jour-là,
Tu tombes sur un autre magistrat,
L'issue de ton procès peut être tout autre.

Qu'est-ce que la vie ?
Une rencontre.
Une opportunité.

Tu recherches l'âme sœur.
Depuis des années,
Désespérée, désemparée tu l'es.
Tant de toquards toqués tu as croisés
Ou juste côtoyés, si tu es une femme;
De belles fleurs sans odeur,
Tu t'es entouré,
Si tu es un homme...
Une rencontre,
Une opportunité ;
Tu trouves l'homme ou la femme de ta vie.

Tout bien réfléchi,
Qu'est-ce qui crée les rencontres ?

Qu'est-ce qui crée les opportunités ?
Si ce n'est l'horloger céleste
Qui de l'espace-temps fait fi !

En effet,
De notre lever à notre coucher,
Qui peut provoquer rencontres et opportunités,
Si ce n'est le Tout-Puissant,
Yawhé Sabaot qui avec bénignité,
Sauve quotidiennement l'humanité.

Comment alors ne pas démontrer,
Qu'une évidence s'impose,
Même sans prose :
Dieu existe réellement
Et veille constamment sur ses enfants.

Il veille jalousement sur eux et regarde un peu l'actualité.

Si la troisième guerre mondiale n'a pas encore éclaté,
C'est aussi grâce à
Des rencontres,
Des opportunités.

Alors toi, dans ta petite vie,
Dis-toi qu'il faut que tu pries,
Régulièrement,... intensément.

Alors des ténèbres
Jaillira la lumière,
Pour que tu comprennes
Que Dieu est esprit,
Mais qu'Il préside à tous les changements et chambardements
De ton humble et toute petite vie.

Murielle M. MARTHÉLI

Ecrit du 29.09.2019
« *Je fais le rêve* »
Texte pour une Martinique qui s'éveille et prend conscience

Je fais le rêve

qu'un jour une petite fille de six ans ne soit pas triste.
Qu'elle soit assise sur les bancs d'une Eglise Catholique, sans pour autant être triste.

Pour l'instant elle souffre, personne ne voit sa souffrance.
Elle a un problème de légers troubles visuels.
Elle sait pertinemment, parce qu'elle est sensible et très intelligente, qu'elle a aussi un léger problème d'élocution et un strabisme léger.
Mais, elle n'aime pas les lunettes ; parce que, elle, elle ne se juge pas belle.
Elle sait qu'elle est plus ronde que les autres.
Elle sait qu'elle est plus foncée que bon nombre, dans un pays où les personnes sont très métissées et très regardantes en la matière.
Elle voit, elle entend tous les blasphèmes que l'on fait au nom de Dieu quand on complexe son peuple, quand on dit qu'il y a des blancs, des mulâtres, des mulâtresses, des chabins, des chabines, des câpres et des câpresses aux longs cheveux, aux beaux cheveux, selon des critères qui ne sont pas le ressenti divin.

Elle, elle sait que ses cheveux ne seront jamais qualifiés de beaux à l'endroit du globe où elle vit : les beaux cheveux sont des cheveux métissés, au métissage visible, un point c'est tout !
Pourtant, sa maman s'échine à rechercher les produits les mieux adaptés à son métissage indo-Caribéen.
Ses cheveux sont crépus et au vu de ces critères provenant d'une résilience non encore assumée, de l'Esclavage puis du Colonialisme à l'endroit où elle est ; ses cheveux ne peuvent pas être qualifiés de « *Beaux* » vu que crépus ils sont.

Ça, c'est ce qu'elle voit.
Ça, c'est ce qu'elle entend toute la journée.

Je fais le rêve

que cette enfant de 6 ans, qui va à la messe le dimanche, qui aime l'Eucharistie, qui voit Jésus dans l'hostie et qui dit à sa maman « *Maman, ouvre ta bouche !* », juste pour avoir une chance de voir Jésus délicatement posé sur la langue de sa maman pour que sa maman soit b**énie.**

Je fais le rêve

oui, je fais le rêve,
que dans ce même pays où personne ne parle de Blacks, Blancs, Beurs, mais où pourtant, il y a tant de différences de couleurs ; tant de non-dits entre Noirs qu'on peut dire que l'île sur laquelle cette petite fille vit est une île « *coloriste* » empreinte de paradoxes.
Dans ce pays où on encense Martin Luther King JR en se disant

« *oui, cet homme est grand, cet homme a de la valeur, cet homme a pu se lever, cet homme a pu marcher, cet homme a pu être l'emblème de la solidarité...* »

Je fais le rêve

que dans ce pays-là, cette petite enfant noire, qu'on qualifie simplement de négresse, cette petite enfant de 6 ans ne trouve rien à redire par rapport à sa couleur, par rapport à ce terme qu'on emploie en parlant d'elle, en la décrivant physiquement, au lieu de dire, tout simplement, qu'elle est foncée de peau.

Je fais le rêve

qu'elle continue à trouver cela tout à fait normal qu'on la qualifie de négresse, sur un ton non insultant servant uniquement à définir son type physique, lorsqu'on qualifie de mulâtresse, de câpresse, de chabine, une autre petite fille noire du même âge qu'elle mais de type physique différent.

Je fais le rêve

que cette enfant, qui est tout à fait normale, avec un coefficient intellectuel tout à fait normal voire un peu supérieur aux normes habituelles ; se mette à travailler, à travailler, à travailler dur avec des parents foncés de peau, complètement traumatisés parce qu'eux, ont grandi avec un complexe de couleur, hérité du Commerce Triangulaire, du Colonialisme puis de l'autre déportation de martiniquais que fût le BUMIDOM.

Je fais le rêve

que cette enfant-là aille à la messe le dimanche.

Je fais le rêve

que cette petite fille de six ans, ayant grandi, ne réalise pas qu'un homme ait pu lui dire un jour, un seul jour ; ou, ait pu avoir simplement envie de lui dire qu'il n'a aucun complexe de couleur mais que malheureusement « *tu es jolie, tu as amincie, tu es charmante, tu as du caractère, mais que tu es noire... que dire... que tu es... que tu es simplement noire, mais enfin noire, mais enfin foncée,... négresse, quoi!...* »

Je fais le rêve

que si ce jour arrive, cette femme, se souvenant de l'enfant qu'elle était se dise :

« *Non, c'est dommage, je cherchais à comprendre le racisme. Il y a des Noirs, il y a des Blancs.*
C'est tout. Il y a aussi des Indiens indous, des Amérindiens, des Asiatiques mais eux, je les assimile à des Noirs du fait du Colonialisme et des humiliations des Blancs qu'ils ont eu à affronter à cette époque-là.

Par contre, il y a aussi les Békés ?
Ah... là..., c'est plus compliqué! ».

Je fais le rêve

que cette petite fille devenue femme se dise : « *tachons de réfléchir afin de comprendre comment fonctionnent les Békés. Qui sont-ils ?* »

Je fais le rêve

que cette petite fille devenue femme réalise un jour que les Békés sont certainement des personnes traumatisées parce que oui, ce n'est pas facile d'être dans un pays où bon nombre les détestent, les détestent cordialement ; tout en ne l'avouant pas.

Alors qu'eux-mêmes se disent, peut-être ; « *mon Dieu, comment rester dans ce pays ? Déjà qu'entre eux ils font tellement de différences !......* ».

Oui, je fais le rêve

que, pour un pays tellement traumatisé que, dès que l'on parle d'Esclavage, cela cause des maux de tête qui sont réels, qui sont présents ; la seule et vraie solution serait de créer une vraie solidarité sans laquelle, les Noirs ne vont plus dire à cette petite fille, devenue ou non femme ou penser simplement : « *c'est une négresse* », ce, de façon insultante ou non, voire, « *c'est une négresse, je préfère la chabine* ».

Je fais le rêve

qu'en voyant cette petite enfant, devenue femme ; les femmes plus claires ou plus métissées se disent :

*« C'est bizarre,
comment se fait-il que cette nana-là malgré mes cheveux plus métissés
que les siens soit plus regardée que moi ?
A-t-elle du charme ? »*

Je fais le rêve

que les femmes plus métissées n'aient pas aussitôt ensuite cette pensée incontournable, provenant de l'éducation donnée aux enfants :

« Ah... heureusement, quand même, que moi j'ai des cheveux plus frisés, ondulés, des yeux verts ou bleus, enfin bref... que je suis un peu plus mignonne, plus belle, plus « réelle », plus « canon »... qu'elle, quoi !.. ».

Je fais le rêve

que l'autre fillette de 6 ans, sa bonne copine que je vois à la messe, moins noire de peau, devenue femme, se dise tout simplement :
« tiens, elle est jolie, ma copine » ou *« tiens, elle a du charme ma copine »*, sans aucun complexe ni de supériorité par rapport à ma petite fille foncée ; ni même d'infériorité en se disant lorsqu'elle sera devenue femme : *« mon Dieu, comment j'ai pu me gâcher, je me suis cru belle, mais cette petite fille, mais oui... c'était la petite fille noire que je ne trouvais pas belle ! ».*

Je fais le rêve

que de façon égalitaire, la petite fille noire, de type foncé, ne fasse pas tout pour être comme la petite fille à peau plus claire.

Je fais le rêve

que la petite fille mulâtresse ou métissée ne puisse un jour se dire :
« comme j'ai été stupide ! Tous les garçons me courraient après à cause de mes yeux clairs, bleus ou vert, selon le temps. Je cédais. J'ai gâché ma vie. Ma copine est super jolie ! Ce n'est pas qu'elle louche légèrement, c'est qu'elle a un regard coquet ! ».

Je fais le rêve,

que la petite fille noire foncée comme la petite fille plus claire, devenues femmes et que je vois à la messe, se disent au tréfond de leur cœur :

« Moi, si j'aime un homme, c'est que j'aime un homme.

Si j'aime un blanc ou un béké, ce n'est pas parce qu'il est blanc ou qu'il est béké. C'est uniquement parce que je l'aime, c'est tout ! Que cela plaise ou que cela ne plaise pas !

Moi, si j'aime un mulâtre, c'est parce qu'il est mulâtre, qu'il est mignon, qu'il me plaît, que moi je le trouve beau mais ce ne sont pas mes parents ou mes copines qui m'ont fait remarquer qu'il est beau parce qu'il est plus clair et plus métissé que moi. C'est uniquement qu'il me plait, un point c'est tout.

Moi, si j'aime un chabin, c'est que je l'aime un point c'est tout ! Ce n'est pas parce qu'il est chabin qu'il me plait ou qu'on m'a dit d'épouser un chabin ou que je sens que je dois épouser un chabin ; c'est uniquement parce que ce gars à quelque chose qui me plaît, un point c'est tout !

Moi, si j'aime un indien, c'est qu'il est indien. Ce n'est pas parce qu'on m'a dit que les indiens sont différents, qu'ils sont beaux, qu'ils font de beaux enfants, qu'ils sont ceci ou cela... bref, il me plaît, je l'aime un point c'est tout !

Moi, si j'aime un noir foncé, un nègre comme on le définit c'est parce que je l'aime. J'aime sa couleur foncée, sa peau sans boutons avec un teint uniforme, ses cheveux crépus que d'autres trouvent « grain-nin ». On me fait parfois des remarques, mais je m'en tape ! Je l'aime parce que je l'aime, un point c'est tout.

Et d'ailleurs, si j'aime un homme, c'est que j'aime un homme parce que c'est Dieu lui-même qui m'a permis de le rencontrer ! ».

Je fais le rêve

que l'homme que la petite fille noire et foncée aime, voit sa valeur, qu'il soit blanc, béké, nègre, indien, chabin, mulâtre...

Je fais le rêve

que l'homme que la petite fille métissée aux yeux clairs aime, voit sa valeur et non uniquement ses yeux, ce, qu'il soit blanc, béké, nègre, indien, chabin ou mulâtre...

Je fais ce rêve et je prie pour cela.

Je fais le rêve

qu'un jour, la petite fille noire de 6 ans ne se trouvant pas belle, devenue adulte n'ait pas à se dire un jour :

« *Comment ? J'ai travaillé intensément, de 7 h à 22 h non-stop pour faire des études ?...*

– Comment ? On a osé m'interner tant de fois, sans une seule fois me faire voir un psychologue malgré ce qui m'est arrivé lorsque j'avais 4 ans et demi ?

– Comment ? J'ai compté les internements, j'ai compté l'enfermement, j'ai connu la claustrophobie, j'ai compté presque les grains de riz dans mon assiette de court-bouillon de morue lorsque l'on m'a liée, lorsqu'on m'a jugée folle, qu'on m'a allongée, qu'on m'a attachée, qu'on m'a humilié, qu'on m'a fait manger avec des mains sales, non lavées, un nombre de grains de riz que je n'ai pas pu compter non parce je ne voyais pas bien et que j'étais dans le noir, mais parce que j'étais attachée au lit, enfermée à triple tour.

– Comment ? On a osé dès le premier internement, sans me poser de questions, sans me faire voir un psychologue, m'attraper nue alors que je sortais de la douche, me mettre une camisole de force trop petite pour ma taille, me mettre dans un hôpital psychiatrique...

– Comment ? Alors qu'à l'âge de 4 ans et demi, alors que je coloriais tranquillement des écailles de poisson ressemblant à des carpes, j'ai été violée par pénétration digitale de mon voisin.

– Comment ? Aucun psychiatre n'a pu mettre en exergue ces faits avec d'autres qui se sont produits à l'âge de vingt ans tant, dès l'âge de 4 ans et demi, l'image que j'avais de moi-même s'était dégradée du fait de ce qui m'était arrivée.

– *Comment ?... Ah... là... je comprends...si j'ai subi tout cela, c'est certainement parce que comme je suis un peu plus foncée que les autres avec des cheveux plus crépus, on a peut-être pu penser que je ne suis pas soignée, que je suis folle mais, ok... j'espère que ma petite copine, métissée, elle qui a eu peut-être plus de câlins, qui a été plus chouchoutée par tous y compris peut-être par sa propre famille, j'espère qu'elle, elle n'aura pas la même malchance ! »*

Je fais le rêve

que cette petite fille de six ans aux cheveux crépus, soit heureuse et voit qu'elle est différente ;
que sa copine de six ans plus métissée soit heureuse et voit qu'elle est différente ;
que le petit garçon blanc ou béké de six ans soit heureux et voit qu'il est différent.
Un point c'est tout !

Je fais le rêve

que ces trois petits enfants de six ans se disent :
« *Super ! Heureusement qu'on est différent !*
Ca tombe bien !
Parce que vraiment... si on était tous pareils, ce ne serait pas rigolo ! »

Oui, je fais le rêve

que ces enfants-là, qui sont l'avenir de l'île
se donnent une chance mutuellement.

Que l'un comme l'autre connaisse les difficultés de tout un chacun sans que ne se mêlent à leurs pensées, la couleur de leurs peaux, leurs physiques respectifs et les préjugés de classes sociales.

Je fais le rêve

qu'ils voient simplement la chance de leur différence, surtout à cet endroit du globe.
Qu'ils ne voient entre eux que la richesse de leur cœur, pas la richesse de l'extérieur.

Je fais le rêve

que les parents de ces enfants, eux, comprennent ces enfants, comprennent leurs enfants et aillent, comme eux le font, les uns vers les autres.

Cette petite fille noire de six ans sur les bancs d'une Eglise catholique,... c'était moi.

Et moi... j'écris... parce qu'il y a des enfants dont on ne doit pas briser les rêves...

Murielle M.MARTHÉLI

Ecrit du 04.10.2019
« Je ne rêve plus »
Texte dédié à une Martinique qui gagne, à une Martinique debout, à une Martinique qui avance.

Je ne rêve plus.

La petite fille de 6 ans n'est plus triste.
Elle est toujours assise sur les bancs d'une Eglise Catholique mais, elle est sortie de sa tristesse.
Elle ne souffre plus ; on a vu sa souffrance.
Elle n'a plus de problème de légers troubles visuels.
Vu qu'elle est sensible et très intelligente, elle sait aussi qu'elle n'a plus de problème d'élocution ; que Jésus a certainement permis de faire disparaître cela.
Elle sait aussi que la même chose a dû se produire pour son strabisme léger car elle ne l'a plus.

Oui, je ne rêve plus.

La petite fille de 6 ans, le sait ; elle est plus ronde que les autres, mais ce n'est pas un handicap.
Elle est plus foncée que les autres, mais que ce n'est pas un handicap.
Elle est jugée moins belle parce qu'elle est plus ronde que les autres mais ses formes généreuses ne sont plus un handicap.

Oui, je ne rêve plus.

Elle sait pertinemment où elle vit.
Elle vit dans un pays où les personnes sont métissées, mais où elle sait, sait, sait, voit, entend tous les blasphèmes que l'on fait au nom de Dieu quand on complexe son peuple, quand on dit qu'il y a des blancs, des mulâtres, des mulâtresses, des chabins, des chabines, des câpres et des câpresses aux longs cheveux, aux beaux cheveux, aux beaux yeux.

Ça, c'est ce qu'elle voit.
Ça, c'est ce qu'elle entend toute la journée.

Oui, je ne rêve plus.

Cette enfant de 6 ans là, va à la messe le dimanche, aime l'eucharistie, voit Jésus dans l'Eucharistie et dit à sa maman « *Maman, ouvre ta bouche !* », juste pour avoir une chance de voir **Jésus** sur la langue de sa maman, et être certaine que sa maman sera **bénie**.

Oui, je ne rêve plus.

Dans ce même pays où personne ne parle de Black, Blanc, Beur, mais où pourtant, il y a tant de différences de couleurs, de non-dits entre noirs, ce, sur une île coloriste où l'on dit de Martin Luther King JR : « *oui, cet homme est grand, cet homme a de la valeur, cet homme a su se lever, cet homme a pu marcher, cet homme a pu être l'emblème de la solidarité...* »

Oui, je ne rêve plus.

Dans ce pays-là, cette petite enfant noire, qu'on qualifie simplement de *négresse*, cette petite enfant de 6 ans ne trouve rien à redire par rapport à sa couleur, par rapport à ce terme qu'on emploie en parlant d'elle pour la décrire physiquement.

Oui, je ne rêve plus.

Elle est fière de ce terme. Elle trouve tout cela normal qu'on la qualifie de *négresse* ; lorsqu'on qualifie de mulâtresse, de câpresse, de chabine, une autre petite fille noire du même âge qu'elle. Elle est fière de ce terme car elle, elle sait que ses ancêtres sont de la trempe de Martin Luther King JR, que ses ancêtres ont marronné, que ses ancêtres ont lutté, et qu'elle aussi, elle doit lutter.

Oui, je ne rêve plus.

Cette enfant est tout à fait normale, avec un coefficient intellectuel tout à fait normal.
Elle se met à travailler, à travailler, à travailler dur avec des parents foncés de peau nés au début du 20 ème siècle, complètement traumatisés parce qu'eux ont grandi dans une Martinique structurée en castes sociales.

Oui, je ne rêve plus.

Cette enfant-là va à la messe le dimanche et y puise sa force.

Oui, je ne rêve plus.

Cette petite fille de 6 ans, qui a grandi réalise qu'un homme, un Noir ait pu lui dire un jour, un seul jour, qu'il n'est pas raciste mais que malheureusement « *tu es jolie, tu as amincie, tu es charmante, tu as du caractère, mais tu es simplement noire... tu es... tu es... tu es noire, mais enfin noire, mais enfin négresse, quoi!......* ».

Elle éclate alors en sanglots et comprend que le racisme est histoire de complexes et d'une identité non assumée.

Oui, je ne rêve plus.

Ce jour-là, cette enfant, devenue femme se souvient de l'enfant qu'elle était et se dit :

« *Cherchons à comprendre le racisme en Martinique.*
Il y a des Noirs, il y a des Blancs.
C'est tout. Il y a aussi les Indiens, mais eux ce sont des Noirs. Les Chinois, c'est autre chose, eux, ils sont avec les Noirs.
Par contre, il y a les Békés ?
Ah... là..., c'est plus compliqué ! ».

Oui, je ne rêve plus.

Cette petite fille devenue femme s'est dit : « *tâchons de réfléchir afin de comprendre comment fonctionnent les Békés. Qui sont-ils ?* »

Oui, je ne rêve plus.

Cette petite fille devenue femme réalise un jour que les Békés sont certainement des personnes traumatisées parce que oui, ce n'est, peut-être, pas facile d'être dans un pays où ses ancêtres sont arrivés avant les autres, sauf avant les autochtones réels, Arawacks et Kalinagos exterminés par ceux dont on descend.

Ce n'est, peut-être, pas facile de se dire que ces autochtones originels ayant disparu, ont laissé la place à des personnes venant de divers horizons et surtout d'Afrique devant se remettre de longues périodes de négation de l'être et de complexes développés au regard de leur peau foncée.

Ce n'est, peut-être, pas facile de se dire que ces personnes ont développé une théorie selon laquelle plus on est métissé, plus on est beau. Mais, maintenant, cette théorie n'a plus droit de cité dans le pays : à chacun sa beauté.

Oui, ce n'est, peut-être, pas facile de se dire que les personnes, composant la société dans laquelle on vit, aient comme seul point commun la souffrance causée par ses propres ascendants. Ce n'est peut-être pas facile de toujours avoir l'impression que cette souffrance a fédéré et fédère encore le reste des habitants contre soi sans se l'avouer pudiquement.

Oui, je ne rêve plus.

Ce pays qui est tellement traumatisé que dès que l'on parle d'Esclavage, il y a des maux de tête, des maux de tête réels, présents, mais pour lesquels la seule solution a été de créer une vraie solidarité permettant que plus jamais personne ne dise à cette petite fille, devenue ou non femme : « *tu es une négresse* » ou « *tu es trop noire* », ce, de façon insultante.

Oui, je ne rêve plus.

Les termes « *nègre* » et « *négresse* » sont associés à la lutte, à la fierté d'être Noir et pas à la pauvreté récurrente, insultante et blessante d'une classe sociale défavorisée et condamnée faute de moyens pécuniaires pour avancer.

Oui, je ne rêve plus.

Les cheveux crépus, le nappy sont perçus différemment.
Le cheveu naturel revient à la mode.

Oui, je ne rêve plus.

La petite fillette mulâtresse en arrive à se dire en pensant à sa copine de type négresse, ce qu'il y a encore quelques décennies, on n'aurait pas pu imaginer. Elle a été éduquée comme cela, sans le raisonnement rétrograde considérant que plus on est métissé, plus on est beau, car ce raisonnement n'a plus lieu d'être dans le pays.

La petite fille mulâtresse ne fait même plus attention à sa couleur et à celle de son amie. Elle en arrive même parfois à envier le beau cheveu laineux de celle-ci, chose impossible, chose impensable, il y a encore quelques décennies. Maintenant, les poupées noires ont été inventées ; même les « *poupées-poupons* » noirs ont été inventés. La vision de la beauté a changé de donne : à chacun sa beauté. Celle-ci est maintenant plurielle. L'île est toujours coloriste, mais, avec une autre mentalité n'occultant plus la beauté noire.

Oui, je ne rêve plus.

De façon égalitaire, la petite fille noire de phénotype nègre ne fait pas tout pour être comme la petite fille de phénotype mulâtre et réciproquement. Chacune apprend à avoir sa beauté sans envier l'autre, pour autant.

Oui, je ne rêve plus.

La petite fille de phénotype nègre, qui a grandi et qui va à la messe se dit simplement :
« *Moi, si j'aime un homme, c'est que j'aime cet homme.*

Si j'aime un blanc ou un béké, ce n'est pas parce qu'il est blanc ou qu'il est béké. C'est uniquement parce que je l'aime, c'est tout, que cela plaise ou que cela ne plaise pas!

Si j'aime un mulâtre, c'est parce que je le trouve mignon, que moi, je le trouve beau mais ce ne sont pas mes parents, mes copines ou les autres qui m'ont fait remarquer qu'il est beau et qu'il me regardait.

Si j'aime un chabin, c'est que je l'aime. Ce n'est pas parce qu'il est chabin ou qu'on m'a dit d'épouser un chabin ou que je sens que je dois épouser un chabin. C'est uniquement parce que ce gars à quelque chose qui me plaît en lui, et puis c'est tout!

Si j'aime un indien, c'est qu'il est indien. Ce n'est pas parce qu'on m'a dit que les indiens sont différents, qu'ils sont ceci ou cela... bref, il me plaît, je l'aime un point c'est tout!

Si j'aime un nègre, c'est parce que j'aime sa peau chocolat, chocolat bien foncé. J'aime ses cheveux si originaux, un point c'est tout!

Si j'aime un homme, c'est que Dieu me l'a désigné, c'est que Dieu me l'a destiné, un point c'est tout ! »

Oui, vraiment, je ne rêve plus.

L'homme qu'aime la fillette de six ans ayant grandi, peut être blanc, chinois, béké, nègre, mulâtre, chabin, indien...

Oui, je ne rêve plus.

L'homme qu'elle aime voit sa valeur.

Oui, je ne rêve plus.

L'homme qu'elle aime ne voit pas que sa valeur, sa vraie valeur alors qu'elle est une femme.
Il voit aussi la femme et aime son corps, son teint, sa peau et ses cheveux qu'il aime au naturel.

Oui, je ne rêve plus.

Cette petite fille noire de six ans devenue femme
ne s'est pas dit un jour :

« *Comment ? J'ai travaillé intensément, de 7 h à 22 h non-stop pour faire des études sans que cela ne serve réellement dans le pays où je vis alors que j'ai fait toutes ces privations uniquement pour aider les gens de mon pays et rentrer chez moi mes études terminées ?...*

– Comment ? On a osé m'interner, sans me faire voir un psychologue alors que j'ai subi des gestes que j'ai qualifiés de déplacés pour amoindrir les choses dans ma petite tête d'enfant de 4 ans et demi ; gestes que j'ai caché à mes parents, alors qu'il s'agissait, pourtant, d'une pénétration digitale donc juridiquement d'un viol perpétré par mon voisin ?

– Comment ? J'ai compté les internements, j'ai compté l'enfermement, j'ai compté la claustrophobie, lorsque l'on m'a liée, lorsqu'on m'a attrapée nue car sortant de la douche, mis une camisole de force trop étroite pour moi, lorsque l'on m'a jugé malade mentale, que l'on m'a allongée, que l'on m'a attachée, que l'on m'a humiliée, que l'on m'a fait manger avec des mains sales, non lavées, un nombre de grains de riz que je n'ai pas compté non parce je ne voyais pas bien et que j'étais dans le noir, mais parce que j'étais attachée à un lit d'hôpital alors que je n'avais jamais été agitée **?**

– Comment ? Ah… là… je comprends… si j'ai subi tout cela, c'est peut-être parce que comme je suis un peu plus ronde que les autres avec des cheveux plus crépus ; certains se sont mépris. Ils ont dû penser que je ne suis pas soignée, que je suis folle mais, ok… j'espère que ma petite copine, métissée, elle qui a eu plus de câlins, qui a été plus chouchoutée par tous y compris peut-être par sa propre famille, j'espère qu'elle, elle n'aura pas la malchance d'être internée ! »

Oui, je ne rêve plus.

Ma petite fillette de type négresse n'a pas eu à subir tout cela.

Oui, je ne rêve plus.

Cette petite fille aux cheveux crépus, voit simplement qu'elle est
différente. Elle rend grâce à Dieu pour cette différence.
Cette petite fille métissée voit simplement qu'elle est différente.
Elle remercie Dieu pour cette différence et pour ses jolis yeux.
Le petit garçon blanc ou béké, voit simplement qu'il est différent.
Il remercie Dieu pour cette différence.
Et, maintenant, je suis éveillée

Oui, je ne rêve plus !

Ces trois petits enfants de six ans se disent :
« *Super ! Heureusement qu'on est différent !*
Ca tombe bien !
Parce que vraiment... si on était tous pareils, ce serait moins rigolo ! ».

Les parents de ces enfants, eux, comprennent ces enfants, comprennent leurs enfants et font comme eux en ayant des fréquentations non dues à la couleur mais dues à la beauté du cœur.

Cependant, je ne rêve plus a été écrit pour qu'aucun enfant ne baisse les bras et pour que leur rêve devienne réalité.

Et, je le dis encore : ... j'écris parce qu'il y a des enfants dont on ne doit pas briser les rêves.

Murielle M.MARTHÉLI

Ecrit du 7.12.2019
« Pêcher par bonté ? »
Texte dédié à tous les enfants

Peut-on pêcher par bonté ?
Peut-on pêcher par amour ?

Lorsque de la petite enfance, l'on fait partie.
Lorsqu'à la section enfantine des moyens on est inscrit,
Que des poissons rouges on colorie,
Candidement, naïvement, innocemment.
Lorsqu'à l'âge de raison, on a pas encore souscrit ;
Qu'on possède l'innocence d'âme de « *j'ai fait le rêve* ».

Peut-on pêcher par amour ?
Peut-on pêcher par bonté ?
Peut-on délibérément se taire, se sacrifier ?
Ne rien dire et garder pour soi secret,
Le crime que l'autre commet,
Par peur de l'éloignement de la mère de l'auteur tant chérie.

Peut-on pêcher par amour ?
Peut-on pêcher par bonté ?
Quand dans sa petite tête d'enfant, on se dit simplement :
« *Les gendarmes chasseront la voisine.*
Or, elle est gentille la voisine ... »
Sans percevoir vraiment le crime
Tout en ne supportant pas cet odieux ressentiment

Qui, rien à faire, vous poursuit et ne vous lâche pas enfant.

Peut-on pêcher par amour ?
Peut-on pêcher par bonté ?
Et se dire un jour que le pater familias n'avait rien vu,
N'avait rien su...

Peut-on pêcher par amour ?
Peut-on pêcher par bonté ?
Se taire et épargner la prison tant méritée
A l'abuseur ou au violeur qui de prison,
Aura celle de la raison.

Celle d'une conscience meurtrie,
Au gré de l'oubli,
Oubli qu'il ne peut y avoir,
Tant la peur menace, tant la honte taraude.
Honte pour ce voisin à la sexualité si pervertie
Qu'elle tente de pervertir les tous petits.

Peut-on pêcher par amour ?
Peut-on pêcher par bonté ?
Et épargner la prison à un gamin incestueux de dix-huit ans
Qui de voisin a le titre,
Qui de grand frère aussi, avait jusque-là, le mérite.

Lorsque papa et maman,
Gentiment et sans appréhension,
Pensant, à tort, bien faire,

Laissait la petite dernière, avec le plus âgé des voisins.

Peut-on pêcher par amour ?
Peut-on pêcher par bonté ?
Je ne sais pas.

Mais,... je sais une chose :
l'oubli est quelque chose, la conscience en est une autre.
L'enfant, elle, n'a pas oublié.
Par contre, elle a pardonné.

Le pseudo-grand-frère-voisin, lui, a la conscience non effacée,
A la conscience non effaçable.

Ce voisin saura toute sa vie,
Qu'une enfant de quatre ans et demi
Qu'il avait pénétré avec son doigt
Lui a évité les pires sévices corporels de la prison,
Que les prisonniers réservent aux pédophiles arrivant en ce lieu.

L'enfant manquant d'affection de sa véritable mère avait fait
le calcul suivant :
« *Elle est gentille la voisine.*
Si ma sœur, à qui je me suis confiée, et moi on parle,
Papa chassera la voisine qui elle, est gentille ».

Deux enfants trop jeunes afin de prendre une décision.
L'une, âgée de quatre ans et demi,
L'autre, de douze ans et demi

Qui ce faisant ont pardonné,
L'impardonnable.

Pardonner par pur amour de la mère de l'auteur
Alors que la victime de quatre ans et demi était trop jeune,
Trop jeune pour connaître ce passage de la Bible :
« *Il vaudrait mieux pour lui qu'on lui mit au cou*
Une meule de moulin, et qu'on le jetât dans la mer
Que de scandaliser un seul de ces petits.
Prenez garde à vous-mêmes » (Luc 17, 2)
Et savoir que l'auteur accomplissant cet acte,
Se condamne irrémédiablement

L'enfant, elle, ayant grandi
A préféré se taire jusqu'au décès de son père.

Ce, alors qu'elle, en grandissant, se sentait terriblement coupable.
Coupable car son silence avait permis que la voisine reste.
Coupable car la voisine avait tenté alors de s'imposer comme maîtresse.
Or, l'enfant qu'elle était, ayant grandi,
S'était toujours interrogée se demandant si

Indirectement ou non,
Cette voisine n'était pas à l'origine du décès de sa mère
Pour tenter de mieux conquérir le cœur de son père.

Remords évincés par une confession à un prêtre,
Qui dit simplement à l'enfant devenue adulte :
« *Je vous trouve bien dure avec vous-même !*

Vous n'aviez que quatre ans et demi.
Vous n'étiez qu'un grand bébé.
Comment pouviez-vous prendre une décision ? ».

Peut-on pécher par amour ?
Peut-on pécher par bonté ?
Non, de péché il n'y a pas.
De bonté d'âme due à la candeur d'un enfant, il y a.

Péché et bonté sont antinomiques.
Tout ce qui est fait par bonté ne peut-être qu'agréé par Dieu.
Réaction d'une enfant qui a tellement aimé la mère de l'agresseur ;
Cette mère que elle et l'agresseur n'avaient pas en commun,
Cette mère, mère de l'auteur,
Qui lui servait de mère d'emprunt
Qui, comme l'enfant l'a dit pendant de longues années, était,
selon elle, sa seconde mère.

Cette femme tant aimée, bien qu'elle ne soit qu'une amie,
Qu'une voisine,
Que l'enfant, elle, s'est volontairement tue.

Mais lui, l'auteur,
Sait et saura toute sa vie,
Que si la justice humaine l'a épargné,
Déni de justice humaine commandé ou non par lui à l'Adversaire,
A l'Ennemi de nos âmes,
Par peur d'avoir à affronter ses paires
Laissant au Juste Juge, à la fin de sa vie,

Le soin de statuer sur sa pédophilie.

Pour l'instant, l'auteur a échappé à la prison qui enferme mais libère.
Libère l'âme du prisonnier qui se dit :
« *Voilà, j'ai payé ma dette à la société...* ».

Mais l'agresseur, demeuré libre du fait du non-dit de l'enfant,
Sera à jamais enfermé dans une conscience
Qui lui reprochera toujours, de ne s'être pas acquitté de sa dette.

Sa conscience, devra supporter la liberté
Et le fait de savoir que près de cinquante ans après le crime commis,
L'enfant qui, elle, a grandi et qui n'avait rien dit,
Qui à la section des moyens coloriait des poissons rouges,
N'aime toujours pas écailler du poisson comportant de grosses et rondes écailles,
Surtout si elles sont semblables à celles qu'elle coloriait ce jour-là.

Ce faisant, est sacrifié et scellé sur l'autel de la conscience,

Le crime qui relevait de la justice.
Ne réclamant ni justice humaine,
Ni justice divine qui arrivera tôt ou tard,
Mais laissant simplement à la conscience et au temps,

A la conscience du temps,
Le soin de faire son œuvre.
Le soin d'œuvrer dans l'âme de l'agresseur-voisin
En demandant à Dieu de toucher son cœur

Afin que l'indicible soit un jour dit,
Afin que l'indicible ne se reproduise plus,
Afin que l'indélébile indicible soit un jour reconnu et non tu.

Murielle M.MARTHÉLI

Ecrit du 30.10.2019
« *Qu'est-ce qu'abuser ?* »
Texte dédié à toutes les victimes d'abus sexuels

Qu'est-ce qu'abuser ?
Est-ce vouloir faire découvrir trop tôt les jeux de l'amour
Quand l'abuseur est au sortir de son adolescence,
Et que l'abusé n'a pas encore atteint l'âge de raison ?

Qu'est-ce qu'abuser ?
Est-ce faire fi de la souffrance qui en découle
Pour oublier la psychose et
La psychothérapie qui s'imposent ?

Qu'est-ce qu'abuser ?
Est-ce jauger,
Juger à la va vite,
De l'attitude à avoir ou à percevoir ?

Qu'est-ce qu'abuser ?
Est-ce systématiquement trouver des solutions
Là où le systématique, le faire simple et vite n'ont pas droit de cité ?

Qu'est-ce qu'abuser ?
Est-ce chercher obligatoirement
L'existence d'une pathologie de l'âme résiliente et différente ?

Qu'est-ce qu'abuser ?
Est-ce considérer que le mot « *abus* » doit être minimisé
Lorsque l'abusé possède encore de lourdes séquelles
Non physiques mais toujours psychologiques ?

Qu'est-ce qu'abuser ?
Est-ce ne pas se montrer discret
Sur les conséquences d'un crime inavoué,
Et se gausser du « *quand dira-ton ?* »
Sans excès de discrétion ?

Qu'est-ce qu'abuser ?
Est-ce se poser des questions sur l'enfermement,
Sur les conditions de détention,
Qu'a subi, ou que subira, l'abuseur ?

Qu'est-ce qu'abuser ?
Est-ce jauger à la va vite pour
Se faire une idée de l'état psychologique de l'abusé ?

Qu'est-ce qu'abuser ?
Est-ce, pour l'abuseur, se dire tranquillement que l'on a rien fait,
Alors que le Christ pourrait attacher une grosse meule autour du cou,

Et jeter dans l'océan,
L'abuseur qui nie tout ?

Tout cela est abus et dépend du prisme donné
A l'histoire racontée.

Cependant, moi,
Je suis l'abusée,
Et tous les abusés-victimes à la fois.
L'abusé victime de l'abus de droits d'un plus grand que soi,
Qui a considéré que sur moi, il avait tous les droits.

Je suis l'abusé qui a été nié.
L'abusé dont les droits ont été déniés.
L'abusé qui a été humilié.
L'abusé qui supplie Jésus de pardonner.
L'abusé qui Lui demande la grâce de pouvoir en faire autant.

Je suis même l'abusé qui a été présenté,
Exposé aux yeux de tous comme instable,
Instable mentalement.

Moi, je suis moi
Et tous les abusés à la fois.

Les abusés de tous pays,
Meurtris et grandis,
Qui de tous les pays
Posent maintenant des questions,
Et demandent aux autres :

« *Vous qui avez su,*
Vous qui avez vu,
Vous qui avez décidé,
Vous qui avez subodoré

*Qu'il serait bon que l'abuseur ne soit pas jugé
Et soit, de ce fait, condamné.*

*Pourquoi t'es-tu tu ?
Pourquoi ?
Pourquoi n'as-tu pas cru ?
Pourquoi ? »*

Moi, du Juste Juge je ne fais pas fi et
A la Parole, je me fie.

Aussi, pour vous instamment, je supplie,
Et je dis :
« *S'il te plaît Seigneur,
Personne ne châtie* »,
Car de la simple image de la meule autour du cou,
Je frémis,
Et c'est pourquoi,
Je supplie.

Je supplie mon ange, d'aller voir Jésus
Pour lui dire que j'ai pardonné,
J'ai pardonné le passé

J'ai dépassé le passé et je Lui demande d'en faire autant
Pour que seule la justice des hommes demeure.

Mais,... je n'ai qu'un problème :

Je n'ai aucune garantie
Que Dieu, Lui, acceptera
D'écouter ce pour quoi je Le supplie...

Murielle M.MARTHÉLI

Ecrit du 06.12.2019
« Tristesse »
Texte dédié à tous les suicidaires

Tristesse ?
Vous avez dit tristesse ?
Lorsque l'on vous voit gai,
Gaieté de façade,
Gaieté que, sans ambages, l'on prend
Pour cacher la tristesse du moment.

Gaieté de façade acquise au gré des « *ça va* ».
Description lapidaire du non-dit.
Description laminaire, tranchante et brutale,
Décrivant l'âme qui fait semblant,
Franchement, sans faux semblant,
Sans faux serment ;
Qui fait sciemment semblant,
D'être bien, d'aller bien, de se porter bien.

Pour mieux fuir le mal être récurrent,
Qui au font des tripes prend.

Quand on est seul,
Que le « *ça va* » ordinaire a été décliné,
Déclinant l'invitation par peur de montrer
Le véritable état de l'âme.

Gaieté non spontanée mais toujours affichée,
Où seul le fou rire, le rire fou, le rire aux éclats,
Faisant tant de fracas
Qu'à l'écume insulaire des vagues,
Il redit l'appartenance
A une insularité assumée et non déniée.

*« Les insulaires ont le verbe haut,
Et le rire aisé »* dit-on souvent.
Dans ce cas, sans soucis,
Malgré la tristesse, cette description se vérifie !

Il est des jours où la tristesse fuit face à un fou rire,
Expression spontanément joyeuse de l'état d'âme du moment.

Il est des jours,
Par contre,
Il est des moments où, aucune oreille attentive
Attenant à une amitié si précieusement recherchée,
Dont l'absence désespère,
Fait que le mot tristesse se libère.

Tristesse, mot sonore qui reflète
Une absence de liesse,

Selon la définition facilement donnée.

Mot sonore qui effraie, fait peur ;
Mot pourtant qui sied à tant et tant de gens.

Mot qui définit l'âme avant le fatidique passage à l'acte
D'une subite et soudaine suppression de l'être physique ;
De cette enveloppe charnelle qui pique et résiste
Nous disant : « *tiens bon, demain tout ira mieux !*
Ecrit..., va te coucher..., regarde la télé..., fait quelque chose, quoi...!. ».

Tristesse,
Comment te faire disparaître ?

Mal qui habite l'âme lorsque l'on est seul,
Si seul que le mot solitude n'a plus de sens ;
Si seul qu'à son moi intérieur,
Qu'à son ange gardien, on tente de faire causette.

La simple causette n'est pas recherchée ;
C'est le dialogue,
L'échange qui l'est.
Et, il n'est pas trouvé.

Parce que l'on est seul lorsque personne n'est avec soi,
Cela va de soi ;
Parce que l'on est seul
Lorsque l'on est perpétuellement dans un horrible monologue
Cherchant l'ami d'enfance
Rêvé et tant chéri
Que Dieu n'a pas jugé bon de donner
Ou que la vie nous a simplement ôté.

On se dit que franchement rien ne vaut
Le ou les camarade(s) d'enfance
Qui en masse peuvent sauver de l'impasse
Que constitue la tristesse d'une âme sur le moment incomprise
Qui, sur le moment, peut donner prise au pire,
Et commettre le pire.

Murielle M. MARTHÉLI

Text writting the 19 th of febuary 2024
« Dignity »
For all people who have suffer of disrespect of their dignity

What is the color of Dignity ?
Dignity with a big D and not a little one.
Dignity everyone is concerned about.
Dignity of the well payed managed actually unemployed.
Dignity of the manager who has lost his wife, his job, his house, his child because of unemployement.
Dignity of this tramp's pet that even himself doesn't have the habit of sleeping in the streets, out of a house.

Dignity of this dog, that looks at the members of this strange universe thinking :
« ok, I don't have my favorite dog food but I hope this bad nightmare will stop soon
There is too much sun in summer and too much cold in winter !
How horrible !... Such a loved dog that sleeps in the streets without his favorite dog food !
Incredible !
Really, it must just be a big nigthmare !
I'm not going to take the leftovers of a good meal out of the garbage, am I ?
It's not my habit.
I leave that kind of attitude to stray dogs without masters, not for cherished dogs like me, pampered by theirs two masters !»

If a pet can realise that he has lost something precious in his life,
It's impossible to imagine what happened in the head of this new unemployed tramp.
Above all, he thought he had gotten the right color in the south of America near the city of Montgomery.
This tramp started think that the color of dignity is not the white one,
but the black one.

This man was thinking about what deppened to him.
« Before, I was walking near tramps without watching them ; and, most part of the time if I saw a tramp, he was a black man.
If I saw a black man eating from the garbage, I thought : normal, is a black man. How ashamed he must be!
He's got the color of being ashamed because I, I would not tolerate my pet doing that.
I thought at this time that color of dignity was the white one.
The majority of White here, were always well dressed, clean and well washed.
While, Blacks were fat and poorly dressed.
Now, I realized, that it is difficult for overweight to be as well as welldress, to have a so good presentation as a slim people have.
I realize now that dignity doesn't have color.
That dignity is not a matter of color ».

Dignity is a matter of
staying straight.
Dignity, is simply a choice, a décision.
Dignity is simply when whatever the color of the human being,

he decides to keep the most important thing to him :
not to be treated like an animal.
Dignity is a Rosa Parks who decides that, this time, she's to tired to obey ;
that this time was a time for her to have a rest, whatever could happen to her.

Dignity is a Marting Luther King JR who decides that it's time to put a stop to so many prohibitions for black people.
Dignity is when you succeed to make your enemies realize that you are right because you don't do nothing wrong, nothing bad and that people whant to put you in jail while you don't do anything wrong.
Dignity is when you know how to accept injustice while knowning that one day, someone will realize that you were not guilty ?
No, dignity is not that.
Dignity is more than just to be worthy.
To be worthy is to know how to remain worthy
But Dignity is much more than that!

Dignity is to recognize that any human being can not be treated as an animal.
Dignity is to recognize that God created human beings with the palette of a painter whom, to embellish his canvas, would have fun adding touches of various colors.
Dignity means recognizing that God created human beings male and female, in his image.
Dignity is not a matter of color, is just a matter of respect, a matter

of respecting people that God created, a matter of respecting God himself.
Dignity is seing and respecting God through the human being whatever the color he has.

Writting by Murielle Madeleine MARTHÉLI

« *Dignité* »
Texte traduit de l'anglais par l'auteure – traduction effectuée le 27 février 2024

Quelle est la couleur de la Dignité ?
Dignité avec un grand D et non un petit.
Dignité dont tout le monde se préoccupe.
Dignité du cadre bien payé qui se retrouve au chômage.
Dignité de ce même cadre qui a perdu sa femme, son toit, son enfant, son emploi à cause d'un licenciement.
Dignité de l'animal de compagnie de ce nouveau clochard qui même lui, n'a pas l'habitude de dormir dans la rue, hors d'une maison.

Dignité de ce chien, qui regarde les membres de cet univers étrange en pensant :
« *ok, je n'ai pas ma nourriture préférée mais j'espère que ce mauvais cauchemar va bientôt s'arrêter.*
Il y a trop de soleil en été et il fait trop froid en hiver !
Terrible ! Moi !... un chien tant aimé, je dors dans la rue sans ma nourriture préférée !
Incroyable !
Vraiment, ça doit être un gros cauchemar !
Je ne vais pas sortir les restes d'un bon repas de la poubelle, n'est-ce pas ?
Ce n'est pas de mes habitudes.

Je laisse ce genre d'attitude aux chiens errants sans maîtres, pas aux chiens comme moi choyés et dorlotés par leurs deux maîtres ! »

Si un animal de compagnie peut se rendre compte qu'il a perdu quelque chose de précieux dans sa vie,
Il est impossible d'imaginer ce qui s'est passé dans la tête de ce nouveau clochard, au chômage ; surtout s'il pensait avoir trouvé la bonne couleur dans le sud de l'Amérique, près de la ville de Montgomery.
Ce clochard s'est mis à penser : la couleur de la dignité n'est pas blanche,
Elle est noire.

Cet homme pense à ce qui lui est arrivé : « *Avant, je marchais près des clochards sans les regarder ; et, la plupart du temps, si je voyais un clochard, c'était un Noir.*
Si je voyais un Noir manger dans les poubelles, je me disais : normal, c'est un Noir. Il a la couleur de la honte parce que moi, je ne tolérerais pas que mon animal de compagnie fasse ça ».

Je pensais à l'époque que la couleur de la dignité était le blanc.
La majorité des Blancs ici, étaient toujours bien habillés, propres et bien lavés.
Alors que les Noirs étaient gros et mal habillés.
Maintenant, je me suis rendu compte qu'il est difficile pour les personnes en surpoids d'être aussi bien habillées, d'avoir une aussi bonne présentation que les personnes minces.
Je réalise maintenant que la Dignité n'a pas de couleur,
Que la Dignité n'est pas une question de couleur. »

La Dignité, c'est une décision : faire le choix de rester droit
La Dignité, c'est simplement une décision.

La Dignité, c'est simplement quand l'être humain, quel qu'il soit, décide de conserver ce qui est Le plus important pour lui : ne pas accepter d'être traité comme un animal.

La Dignité c'est une Rosa Parks qui décide que, cette fois-ci, elle est trop fatiguée pour obéir ;
Qu'il est temps pour elle de se reposer, quoi qu'il puisse lui arriver.

La Dignité, c'est un Martin Luther King JR qui décide qu'il est temps de mettre fin à tant d'interdictions pour les Noirs.

La Dignité, c'est quand vous réussissez à faire comprendre à vos ennemis que vous avez raison parce que vous ne faites rien de mal, rien de mauvais et que les gens veulent vous mettre en prison alors que vous ne faites rien de mal.

La Dignité, c'est quand on sait accepter l'injustice tout en sachant qu'un jour, quelqu'un se rendra compte qu'on était pas coupable ?
Non, la Dignité ce n'est pas ça.

La Dignité, c'est plus qu'être digne.

Être digne, c'est savoir rester digne.
Mais la Dignité, c'est bien plus que cela.

La Dignité, c'est reconnaître qu'aucun être humain ne peut être traité comme un animal.

La Dignité, c'est reconnaître que Dieu a créé l'être humain avec la palette d'un peintre qui, pour embellir sa toile, s'amuserait à y ajouter des touches de différentes couleurs.

La Dignité, c'est reconnaître que Dieu a créé l'être humain,
homme et femme, à son image,
à sa ressemblance.

La Dignité n'est pas une question de couleur.
La Dignité est une question de respect.
Une question de respect des personnes que Dieu a créées.
Une question de respect de Dieu, Lui-même,
Une question de respect de Dieu vu à travers l'être humain, ce,
quelle que soit la couleur que cet être humain possède.

Murielle M.MARTHÉLI

Table des matières

Ecrit du 3.11.2019 – « *Médisance, médisance, esclavage inné* »
Texte dédié à tous les médisants de la terre   7

Ecrit du 16.10.2019 – « *Un mot, ça change la vie !* »
Texte dédié aux prisonniers   10

Ecrit du 15.10.2019 – « *Rouge écarlate* »
Texte écrit suite à un reportage sur un mouvement syndical   14

Ecrit du 16-10-2019 – « *Nuit d'insomnie* »
Texte pour les insomniaques   18

Ecrit du 16.10.2019 – « *Vis !* »
Texte pour tous les désespérés   22

Ecrit du 17.10.2019 – « *Justice* »
A tous ceux qui rêvent de justice   26

Ecrit du 17.10.2019 – « *Droits des petits* »
A tous ceux qui en ont assez d'être dénigrés et/ou méprisés   33

Ecrit du 17.10.2019 – « *Belle dame* »
Texte dédié à toutes celles qui n'aiment pas leurs yeux et qui
se reconnaîtront   36

Ecrit du 19.10.2019 – « *Croqueuses d'âmes* »
A tous les coureurs de jupons											38

Ecrit du 20.10.2019 – « *L'éducation du palais* »
Texte dédié à tous les gourmands										41

Ecrit du 18.10.2019 – « *Question de corpulence* »
Texte dédié à tous ceux qui sont en surpoids ou obèses						45

Ecrit du 17.10.2019 – « *Homme frivole* »
Texte dédié à beaucoup d'hommes qui se reconnaîtront						50

Ecrit du 17.10.2019 – « *En hommage à toutes les femmes ébènes* »
Texte écrit pour tous les racistes qui s'ignorent afin
qu'ils se remettent en question										55

Ecrit du 5.10.2019 – « *Une fleur* »
Texte dédié à toutes les femmes										68

Ecrit du 15.10.2019 – « *Je suis née d'un pays* »
Texte dédié à tous ceux qui sont victimes d'erreurs médicales					71

Ecrit du 15.10.2019 – « *Certitudes* »
Pour tous ceux et toutes celles qui ont des certitudes bien ancrées				74

Ecrit du 16.10.2019 – « *Petit oiseau* »
Pour Alex – Pour tous les hospitalisés									76

Ecrit du 22.10.2019 – « *Hôpital ou prison ?* »
Texte dédié à tous les personnes qualifiées de malades psychiatriques   *80*

Ecrit du 23.10.2019 – « *L'horloger céleste : une rencontre, une opportunité* »
Texte pour tous les non-croyants   *89*

Ecrit du 29.09.2019 – « *Je fais le rêve* »
Texte pour une Martinique qui s'éveille et prend conscience   *93*

Ecrit du 04.10.2019 – « *Je ne rêve plus* »
Texte dédié à une Martinique qui gagne, à une Martinique debout, à une Martinique qui avance.   *104*

Ecrit du 7.12.2019 – « *Pêcher par bonté ?* »
Texte dédié à tous les enfants   *114*

Ecrit du 30.10.2019 – « *Qu'est-ce qu'abuser ?* »
Texte dédié à toutes les victimes d'abus sexuels   *121*

Ecrit du 06.12.2019 – « *Tristesse* »
Texte dédié à tous les suicidaires   *126*

Text writting the 19 th of febuary 2024 – « *Dignity* »
For all people who have suffer of disrespect of their dignity   *130*

« *Dignité* »
Texte traduit de l'anglais par l'auteure – traduction effectuée le 27 février 2024   *134*

Remerciements

J'ai écrit la quasi-totalité de ces textes en quelques jours, à l'hôpital. J'y suis restée trois semaines en 2019.

Je remercie encore toute cette équipe et les autres patients pour leur gentillesse qui m'a permis d'oublier, progressivement le traumatisme que j'avais eu avec mes hospitalisations précédentes depuis 1998.
Maintenant que cinq longues années se sont écoulées et que le temps a fait son œuvre, les cicatrices se sont recollées au fur et à mesure grâce à un suivi que l'on ne m'avait pas jusque-là proposé.

Je remercie surtout le Maître de toute chose, Jésus-Christ, qui a veillé sur moi pendant toute cette période et permis que je m'en sorte ainsi que sa mère, Marie, qui a tant fait pour moi...

Je remercie aussi Jimmy pour le sport et les feuilles.
Il est le premier à m'en avoir fournies pour écrire mes poèmes, à l'hôpital, et à avoir cru en mon talent.
Je remercie Aramintha, Sister Slo, tous les autres, le personnel pour leur accueil, notamment Mr PAMPHILE, Mr EUGENE, Mme MESDESIRS, Junior, sans oublier les autres.

Que DIEU vous donne toujours beaucoup de courage, tout au long de votre vie.

Je remercie mes parents Esnard et Félide MARTHÉLI, tous deux défunts, pour l'éducation qu'ils ont su me donner.

En dernier lieu, je tiens tout particulièrement à remercier ma sœur, Louise-Hélène, pour avoir cru en moi lorsque tous se gaussaient.

Je remercie plus particulièrement aussi pour leur soutien:
- le Père Gérard TIETCHEU qui fut le premier à insister pour que j'édite mes textes
- le Père Pascal DEGRAS
- le Père Pierre HENDERSON, tous trois prêtres de l'Eglise Catholique romaine

ainsi que tous ceux qui ont prié pour moi en Martinique ou ailleurs lorsque j'étais au plus mal.

La vie n'est pas un long fleuve tranquille mais mérite d'être vécue.

Partez toujours gagnant,
Soyez toujours gagnant,
Et, priez en tout temps.